König Artus
und
seine Welt

König Artus
und
seine Welt

Ein Streifzug durch Geschichte,
Mythologie und Literatur

Fran & Geoff Doel

Terry Lloyd

Magnus Verlag

Übersetzt aus dem Englischen von Christof Köhler.

Die englische Originalausgabe erschien 1998 unter dem Titel
„Worlds of Arthur. King Arthur in History, Legend and Culture"
bei Tempus Publishing Ltd., Stroud.

Umschlaggestaltung: Grafik-Design Müller, Essen
nach einer Illustration aus der Manesse-Handschrift.

Lizenzausgabe mit freundlicher Genehmigung des
Sutton Verlages, Erfurt

Inhaltsverzeichnis

Wir danken Michael Symes, der den Titel des Buches vorgeschlagen hat. „Worlds of Arthur" war auch das Motto eine Vortrages, den Geoff an der Birkbeck Summer School in Westonbirt hielt.

Das Buch ist Isobel und Tom sowie Charlie gewidmet.

I. Artus' Platz in der Geschichte

Einleitung

Artus – ein Name und viele Gestalten: legendärer König, vorbildlicher Ritter, römisch-britischer Heerführer, Verteidiger Britanniens gegen die Sachsen, Schüler des Zauberers Merlin, Gründer der Tafelrunde, Held einer von Barbaren bedrohten Zivilisation, Kämpfer für Recht und Ordnung, Beschützer der Schwachen und Hilfsbedürftigen, christusähnliche Figur keltischer Sagen und mittelalterlicher Romane, Herrscher eines mythischen Reichs in grauer Vorzeit – die Liste ließe sich endlos fortsetzen. Fast jedem von uns ist Artus schon irgendwo begegnet: in Mythen, Märchen, Ritterromanen, Geschichtsbüchern, in der modernen Literatur ebenso wie in Filmen und Fernsehserien, an angeblichen Schauplätzen seiner Taten in England, Wales und der Bretagne ...

So vielfältig Artus' Erscheinungsformen auch sind, eindeutige Belege seiner historischen Existenz fehlen uns bis heute. Anstatt uns aber zu fragen, ob es Artus wirklich gegeben hat, sollten wir zunächst untersuchen, welche historische Notwendigkeit für eine solche Gestalt bestand. Für viele ist Artus ja nur ein Mythos, eine virtuelle Sagenfigur, vergleichbar etwa dem fiktiven Helden eines Kinderbuchs. Und doch hat der Artus der Legende mehr geschichtliche Substanz als viele andere mythologische Figuren.

Nur selten bringt die Menschheit unter dem Druck historischer Notwendigkeit Persönlichkeiten wie Luther, Napoleon, Bismarck oder Gorbatschow hervor. Die Menschen, die sich den entscheidenden Herausforderungen ihrer Epoche stellen, werden von den sozialen und historischen Bedingungen ihrer Zeit geformt. Bei fast allen Großen der Weltgeschichte kann die Nachwelt auf zeitgenössische Aufzeichnungen zurückgreifen, die eine adäquate Einschätzung der betreffenden Person und ihrer Rolle erleichtern. Wer jedoch zeichnete für die Nachwelt das Leben des Mannes auf, der sein Land vor der drohenden

Anarchie bewahrte und seinem Volk Jahrzehnte des Friedens und der Ordnung erkämpfte? Auf der Suche nach diesem Menschen stehen uns nur wenige Hinweise zur Verfügung. Selbst im besten Fall wird unser Bild von Artus unscharf bleiben müssen. Zum Leben erwecken können wir ihn nicht. Wir können nur versuchen, unsere bruchstückhaften Erkenntnisse zu einer möglichst treffenden Biographie zusammenzusetzen.

Wo finden sich nun die Spuren dieser schemenhaften und doch so eindrucksvollen Heldenfigur, deren Legende Zeitalter und kulturellen Wandel überdauert hat? Unsere Nachforschungen beginnen in einem Abschnitt der britischen Geschichte, der zeitlich noch vor der Ankunft der Römer auf der Insel liegt. Wir wollen versuchen, die zu Artus' Lebzeiten bereits weit zurückliegenden Wurzeln der keltisch-britischen Lebensweise aufzuspüren und die wichtige Rolle der Römer in Britannien zu beleuchten. Diese ließen bei ihrem Abzug ein bedrohtes, seiner Fundamente beraubtes Staatsgebilde zurück, orientierungslos, auseinanderbrechend, weder römische Provinz noch keltische Stammesgesellschaft. Es bedurfte eines Sammlungspunktes, eines Mannes, der den notwendigen Zusammenhalt sicherstellen konnte, um dieses instabile Gebilde vor dem Kollaps zu bewahren.

1. Die römische Provinz Britannien

Vor Ankunft der Römer

In vor-römischer Zeit war die britische Insel in einzelne Stammesterritorien aufgeteilt. Viehzucht und Ackerbau – im Süden und Südwesten des heutigen England vor allem der Getreideanbau – stellten die Hauptlebensquellen der keltisch-britischen Bevölkerung dar. In den Hochlandregionen trieben Wanderhirten große Schaf- und Rinderherden von Weide zu Weide. Die Macht eines regionalen Herrschers – ob König oder Fürst – hing entscheidend von seiner Fähigkeit ab, sich an der Spitze der unruhigen, oft unbotmäßigen Elite seines Stammes zu behaupten. Ein schwacher Regent gab häufig Anlaß zu bürgerkriegsähnlichen Auseinandersetzungen zwischen den rivalisierenden Machtgruppen eines Stammesverbands und weckte zudem Eroberungsgelüste bei benachbarten Herrschern.

Die keltisch-britische Gesellschaft kannte keine Städte. Die Stammesgebiete wurden in der Regel vom befestigten Sitz des Stammeshäuptlings oder Fürsten aus regiert. Dort lebte die größte Bevölkerungsgruppe des Territoriums, die sich aus den Verwandten, Dienern, Sklaven des örtlichen Herrschers und seinem bewaffneten Gefolge, der Grundlage seiner Macht, zusammensetzte. Es gab in ganz Britannien auch so gut wie keine Straßen. Die Infrastruktur beschränkte sich auf jahrhundertealte Pfade, darunter nur wenige bedeutende wie der Ridgeway, der den Osten der Insel mit dem Süden verband. Tauschhandel fand daher überwiegend im örtlich begrenzten Rahmen und bei Volksversammlungen – in der Regel Stammestreffen – statt. In einer Gesellschaft ohne Städte und Straßen spielte überregionaler Handel hingegen keine bedeutende Rolle. Lediglich die durch das Land ziehenden ausländischen Kaufleute sorgten für einen gewissen Warentransfer. Ihr Aktionsfeld lag vor allem im reichen Südosten, der vom europäischen Kontinent am schnellsten und leichtesten zu erreichen war.

Von Anarchie oder Chaos kann bei den britischen Kelten jedoch keine Rede sein. Ihre Gesellschaft war vital und robust

genug, ohne zentralisierte Verwaltung und Regierung auszu-
kommen. Das Heer bestand aus freien, dem Ruf des Häupt-
lings oder Fürsten folgenden Kriegern. Rechtsprechung war
eine Angelegenheit der versammelten Männer des Stammes. In
Ermangelung einer Schriftsprache wurden Gesetze, sagenhafte
Überlieferungen und Volkserzählungen in mündlicher Form
von Generation zu Generation weitergegeben. Die Macht des
Römischen Imperiums mit seinen Zentralisierungsbestre-
bungen traf daher das empfindliche Kräftegleichgewicht der
britischen Stammesgesellschaft mit voller Wucht.

Pax Romana – römischer Friede

Obwohl römische Soldaten schon unter Cäsar zweimal in das
Gebiet des südlichen Britannien eingedrungen waren, gelang
erst dem römischen Kaiser Claudius im Jahre 43 n.Chr. die
Eroberung der Insel. Möglicherweise war ursprünglich nur
eine Besetzung der britischen Tieflandregionen beabsichtigt
worden, doch die feindselige Haltung der Stämme in den
Randgebieten der neuen Provinz zog die römischen Truppen
immer weiter nach Norden und Westen, wo sie versuchten,
dem eroberten Territorium dauerhafte Grenzen zu geben. Dies
führte zur Annexion des britischen Westens, des heutigen
Wales, und – nachdem eine Eroberung des Nordens fehlge-
schlagen war und sich die Römer ins Gebiet südlich der Flüsse
Tyne und Solway zurückgezogen hatten – zur Errichtung des
Hadrianswalls.

Im Schutz des Walls und der vom Meer gebildeten natür-
lichen Grenzen im Osten, Süden und Westen schlug die
römische Zivilisation Wurzeln und prägte den Teil Britanniens,
den wir heute England nennen. Mit den Legionen kamen die
römischen Heerstraßen. Ein Wunder zeitgenössischer Technik
und Baukunst, durchschnitten sie das eroberte Territorium,
um Soldaten, Verwaltungsbeamten, Kaufleuten und Reisenden
schnelles Vorankommen zu ermöglichen. Entlang der Römerstraßen wurden Siedlungen gegründet. Einige beherrschten als
neue, römische Zentren die alten Stammesgebiete, andere
wuchsen dort aus dem Boden, wo die römische Armee ihren
Marsch in die Grenzregionen für kurze Zeit unterbrach. Die
Römer legten Städte nach Plan an, kümmerten sich um Was-

serversorgung und Kanalisation, errichteten prächtige Bauten, die das Zentrum jeder römischen Stadt markierten, und Badeanstalten als wichtige Einrichtungen des öffentlichen Lebens. Die „Hauptstädte" der Stammesgebiete wurden zu römischen Verwaltungsstandorten, zum Sitz von Justiz und römischen Steuereintreibern. Nun herrschte römisches Recht, das die Besoldung von Armee und Beamtenapparat aus Steuermitteln vorsah. Gleichzeitig erlangten die Städte eine hohe wirtschaftliche Bedeutung, denn sie konsumierten jene Nahrungsmittel, die in den umliegenden Landgebieten erzeugt wurden. Auf dem städtischen Markt konnte die Landbevölkerung ihre Produkte gegen die Konsumgüter einer hochentwickelten Gesellschaftsform tauschen. Zwischen Stadt und Land entwickelte sich so eine wechselseitige Abhängigkeit.

Wer in der neuen Gesellschaft reich wurde, konnte ihre Annehmlichkeiten genießen und ihre weitreichenden Möglichkeiten nutzen. Auf ihren Ländereien errichteten die Wohlhabenden Landsitze in römischem Stil und statteten sie mit allem Komfort aus, den die römische Lebensweise mit sich brachte. Sie erkannten ihre Chance, durch Anpassung voranzukommen und gesellschaftlich aufzusteigen, und erzogen ihre Söhne nach römischem Vorbild. So wurden die Männer, aus denen sich einst der Adel der Stämme zusammengesetzt hatte, zu Römern. Ihr Stammeserbe verwischte sich in der Erinnerung allmählich, bis es ganz in Vergessenheit geriet. Selbst die große Masse der Bevölkerung, die von der Romanisierung weniger berührt wurde, konnte der Übernahme römischer Lebensgewohnheiten nicht entgehen. Ihre alte keltische Identität, ihr Gefühl der Stammeszugehörigkeit, ging durch den kulturellen Wandel, den ihre Führungsschicht vollzog, nach und nach verloren. Der Prozeß fand seinen Abschluß, als alle freien Männer des Imperiums aus steuerpolitischen Überlegungen das einst eifersüchtig gehütete römische Bürgerrecht erhielten. Dies verstärkte die neue Bindung an Rom – die Brücken zur alten Lebensweise brachen endgültig ab. Nur in den entfernten Randgebieten des Imperiums – in Britannien waren das Wales und der Norden – konnten sich Überreste der Stammesgesellschaft alter Prägung behaupten. Und selbst diese konnten sich nicht dem wichtigsten Faktor der Verbreitung römischer Kultur entziehen, der Armee.

Die römische Militärorganisation in Britannien

Die Stärke der römischen Garnison in der Provinz Britannien entsprach deren Größe sowie ihrer strategischen und ökonomischen Bedeutung. Es waren nie weniger als drei Legionen, also 15.000 Soldaten, im Land stationiert. Sie wurden von einheimischen Hilfstruppen unterstützt, die bis zu 20.000 Mann umfaßten, davon 12.000 als Besatzung der Verteidigungsanlagen des Hadrianswalls und seiner Vorposten. In ihrer Hochzeit zählte die römische Armee in Britannien – nach vorsichtiger Schätzung – insgesamt 35.000 bis 40.000 Mann. Die Legionäre waren römische Bürger. Erst nach Ableistung ihres Dienstes von gewöhnlich 15 Jahren wurde ihnen erlaubt zu heiraten. Wollten sie in der Provinz bleiben, in der sie stationiert gewesen waren, erhielten sie am Ende ihrer Dienstzeit ein Stück Land zur Nutzung. Um in neu eroberten Provinzen Fuß zu fassen, siedelten die Römer systematisch Gruppen ihrer langgedienten Veteranen in den Städten und in deren Umland an. So entstanden Inseln römischer Kultur, die sich allmählich über das Land ausdehnten. Die Veteranen stellten außerdem einen Großteil der örtlichen Beamten, die ebenfalls zur Romanisierung des Landes beitrugen.

Die Soldaten der Hilfstruppen waren römische Untertanen, die bei Beendigung ihres Militärdienstes – in der Regel nach 25 Jahren – das römische Bürgerrecht erhielten. Hilfstruppen wurden zum Schutz der Provinzen aufgestellt, leisteten aber zumindest in der Frühphase des Imperiums ihren Dienst aus Sicherheitsgründen niemals in ihrer Heimat ab. So war beispielsweise am Hadrianswall eine Kohorte, das sind 500 Legionäre, aus Dakien, dem heutigen Rumänien, stationiert. Die Hilfstruppen mußten die militärische Kärrnerarbeit verrichten. Fast immer wurden sie als erste in die Schlacht geworfen. Unter günstigen Umständen konnten sie dabei alleine eine Entscheidung herbeiführen. Nur bei einer drohenden Niederlage oder falls taktische Schläge erforderlich wurden, schickte der römische Feldherr seine Legionen in den Kampf. Deren Ausbildung und Unterhalt war einfach zu kostspielig, um sie militärisch bedenkenlos einzusetzen. Darüber hinaus war die Anzahl verfügbarer römischer Soldaten im Gegensatz zu dem schier unerschöpflichen Kriegerreservoir der unterworfenen Völkerschaften des Imperiums begrenzt. Die

Unterscheidung zwischen Hilfstruppen und Legionären verwischte sich indes im 3. Jahrhundert n.Chr., als alle freien Männer des Imperiums das römische Bürgerrecht erhielten. Danach übernahmen die Krieger wenig zivilisierter Stämme aus den Grenzregionen des Imperiums Rolle und Aufgaben der ursprünglichen Hilfstruppen.

Aus der Stationierung der römischen Soldaten in Britannien kann man bereits die von ihnen zu erfüllenden Aufgaben erkennen. Der Großteil der Truppen bezog Stellungen im Norden der Provinz. Die von Hilfstruppen gebildete Besatzung des Hadrianswalls wurde von Vorposten im Norden und weiteren Einheiten verstärkt, die in Befestigungsanlagen im Pennines-Mittelgebirge stationiert waren. Gestützt wurde das ganze Verteidigungssystem von der in York stationierten VI. Legion. Im Notfall konnte die XX. Legion aus Chester zu Hilfe gerufen werden. Die Römer sahen sich einer vierfachen Bedrohung ausgesetzt. Die geringste Gefahr stellte eine mögliche Erhebung der Bergbewohner in den Pennines dar, die sich – obwohl besiegt und von römischen befestigten Militärlagern umgeben – den Römern gegenüber immer noch störrisch und unbotsam verhielten und sich vollständiger Kontrolle zu entziehen suchten. Die größte Bedrohung ging jedoch vom Gebiet nördlich des Walls aus. Weit im Norden, jenseits der von den Flüssen Forth und Clyde gebildeten Linie, lebte ein Volk, das von den Historikern der Einfachheit halber mit dem Sammelbegriff *Pikten* belegt wird. Ihre unbeugsame, feindselige Haltung war – im Verein mit dem Bedarf an Soldaten an anderen Grenzen des Imperiums – die Ursache dafür, daß der Versuch scheiterte, die römische Grenze weiter nach Norden, an die Forth-Clyde-Linie, zu verlegen.

Zwischen dem Gebiet der Pikten und dem Hadrianswall hatten sich drei britische Stämme oder Stammesgruppen niedergelassen. Beim Versuch, seine Grenze weiter nach Norden zu verschieben, bestand die Hauptintention Roms darin, dieses große gegnerische Kriegerpotential zu absorbieren und das fruchtbare Tiefland des heutigen Schottland seinem Imperium einzuverleiben. Selbst nach dem Scheitern des Vorstoßes und der Rückkehr zum Hadrianswall als nördlicher Grenze wurden alle Anstrengungen unternommen, die Völker im Norden des Walls so schnell wie möglich zu romanisieren. Vorposten wurden errichtet, um frühzeitig feindliche Bewegungen erfassen und das wilde und gefährliche Territorium kontrollieren zu können. Trotz allem ließen sich die Stämme nördlich des Walls nie ganz befrieden und stellten weiterhin eine Bedrohung der Nordgrenze dar. Ihr Territorium diente zwar als Pufferzone gegen Angriffe der Pikten, diese umgingen es jedoch häufig und unternahmen ihre Kriegszüge auf dem Seeweg. Deshalb zogen sich vom westlichen Ende des Walls entlang der Küste römische Befestigungsanlagen nach Süden. Entlang der Ostküste wurden Signalstationen errichtet. Eine dritte, sporadisch auftretende Bedrohung für die römische Provinz stellten irische Seeräuber dar. Als Schutz gegen deren Überfälle wurden Hilfstruppen in Wales stationiert und konnten, wenn die Lage es erforderte, durch Soldaten der im südwalisischen Caerleon beheimateten II. Legion oder durch Legionäre aus Chester verstärkt werden. Letztere mußten sich auch mit drohenden irischen Raubüberfällen im Gebiet des heutigen Lancashire und Cumbria auseinandersetzen. Die Verteidigungsanlagen an der Küste boten so Schutz gegen die Iren und die nach Süden gerichteten Schläge der Pikten zugleich.

Gegen Ende des 2. Jahrhunderts n.Chr. erhob sich zudem ein für Rom besonders bedrohlicher neuer Gegner. Mit kleinen Raubüberfällen starteten germanische Stammeskrieger aus dem Gebiet der kontinentaleuropäischen Nordseeküste ihre Angriffe auf Gallien und Britannien. Die Geschichtsschreibung gab diesen Kriegern den Namen Sachsen. Ihre seefahrerischen Fähigkeiten waren wohl kaum so weit entwickelt, daß sie von ihrer Heimat aus Britannien direkt angreifen konnten, obwohl es sicherlich zu einigen wenigen Raubzügen über die Nordsee kam. Die meisten ihrer Schiffe folgten wohl der Küste nach Süden bis in den Ärmelkanal und wandten sich dann Gallien zu oder setzten nach Britannien über. In der Regel liefen die Sachsen dort in die Flußmündungen ein und versuchten, so weit wie möglich flußaufwärts zu gelangen. Dann wurden die Raubzüge durchgeführt und anschließend der schnelle Rückzug über das Meer angetreten. Die in Boulogne stationierte römische Flotte besaß nicht genügend Schiffe, um die Küsten in ihrer ganzen Länge vor derartigen Überfällen zu schützen. Deshalb mußten sich die Gouverneure in Britannien auf stationäre Verteidigungsanlagen verlassen. Nach römischer Kriegstradition war jedoch Angriff die beste Verteidigung, weshalb die neue, defensiv ausgerichtete Militärstrategie einen Wendepunkt markierte, den beginnenden Niedergang der römischen Armee.

In Britannien entstand eine ganze Reihe militärischer Befestigungen entlang der später so genannten Sachsenküste. Dieser Küstenstreifen zog sich vom Gebiet der heutigen Grafschaften Lincolnshire und Norfolk bis in den Süden nach Portsmouth. An den Flußmündungen wurden neue, mit Hilfstruppen bemannte und befestigte Militärlager errichtet. Deren Aufgabe war es, den Räubern den Zugang zum Landesinneren zu erschweren. Vollständig abwehren konnten sie die feindlichen Eindringlinge jedoch nicht. Daraufhin kam ein neues Element der römischen Defensivstrategie zur Wirkung. Eine aus Fußsoldaten und Reitern zusammengesetzte bewegliche Truppe wurde aufgestellt und in Marsch gesetzt, falls Eindringlinge die Verteidigungsanlagen an der Sachsenküste umgehen konnten. Der Anführer dieser Eingreiftruppe war der höchste Offizier der Provinz, was sowohl für das Ausmaß der Bedrohung als auch für die Bedeutung spricht, die Rom diesem Teil seines Imperiums zumaß. Die ohnehin schwierige Lage in Britannien verschärfte sich durch die Sachsenüberfälle dennoch weiter, da die römischen Gouverneure der neuen Bedrohung entgegentreten mußten, ohne auf zusätzliche militärische Ressourcen zurückgreifen zu können. Sie sahen sich deshalb gezwungen, Soldaten aus den anderen – ebenfalls gefährdeten – Grenzgebieten abzuziehen.

Der Sturm bricht los

Die Stammesgesellschaft des keltischen Britannien war von der Einheitskultur der römischen Zivilisation abgelöst worden. Die romanisierte Provinz wurde durch ein massives Militäraufgebot verteidigt, das einen Großteil – wenn nicht gar den vollen Umfang – des britischen Steueraufkommens verschlang. Es herrschte Friede. Fast alle Bevölkerungsschichten profitierten vom Wohlstand, den die römische Wirtschaftsweise der Insel gebracht hatte, obwohl wie überall einige mehr Gewinn aus der ökonomischen Entwicklung zogen als andere. Das Hauptanliegen dieser gesellschaftlich und materiell saturierten Bevölkerungsgruppe bestand in der Bewahrung des Status quo. Die scheinbar unwandelbare Stabilität des Imperiums war jedoch höchst fragil, und die für unbesiegbar gehaltenen römischen Truppen sahen sich beim Schutz seiner Grenzen, die vom Hadrianswall bis zum Euphrat, vom römisch-germanischen Limes an Rhein und Donau bis zu den Wüstengebieten Nordafrikas reichten, wachsenden Herausforderungen ausgesetzt.

Ab dem 2. Jahrhundert n.Chr. verließen die germanischen Stämme Nordeuropas ihre traditionellen Siedlungsgebiete und wanderten nach Südwesten. Der Druck auf die Rhein-Donau-Grenze des Imperiums stieg dadurch beständig an. Die Gründe für die Völkerwanderung sind nicht vollständig erkennbar, aber ihre Auswirkungen veränderten die historische Landkarte Europas. Ein Domino-Effekt stellte sich ein: Schwächere Stämme wurden beiseite geschoben, stießen auf Dritte und erzeugten dadurch weitere Wanderungsbewegungen. Es war jedoch nicht allein der ungeheure Druck auf die Grenzen, der schließlich Roms Kräfte überstieg. Mitunter überrannten feindliche Krieger einen Teil der Verteidigungsstellungen und fielen ins Land ein. Nur unter großen Mühen konnten die Legionen dann den Grenzverlauf wiederherstellen und die entstandenen Schäden beheben. Bloß in wenigen Fällen erfuhren die Römer über ihre Kundschafter von einem bevorstehenden Überfall und konnten mit blutigen Präventivschlägen das gegnerische Angriffspotential vernichten.

Auch an der Nordwestgrenze des Imperiums wurde die Lage bedrohlich. Britanniens Insellage konnte das Land nicht vor den Auswirkungen der Völkerwanderung abschirmen. Entlang der deutschen Nordseeküste führten die aufgrund zunehmenden Landmangels sich rapide verschlechternden Lebensbedingungen zu einer allgemeinen Krise. Möglicherweise war hohes Bevölkerungswachstum die Ursache dafür, vielleicht führten auch Klimaveränderungen zum Anstieg des Meeresspiegels und somit zu Landverlusten. Nach Osten oder Süden konnte die überschüssige Küstenbevölkerung jedenfalls nicht abziehen, denn dort blockierte die Grenze des Imperiums am Rhein bereits viele andere auf der Wanderung befindliche Stämme. Wieder andere, sich territorial ausbreitende Stammesgruppierungen versperrten den Weg nach Osten. Die Küstenstämme suchten schließlich ihr Heil in der Seefahrt und wurden bei den Römern in Gallien und Britannien als Sachsen bekannt. Ihre barbarischen Raubüberfälle führten zur Errichtung der Verteidigungsanlagen an der britischen Küste und zur Aufstellung der bereits erwähnten mobilen Eingreiftruppe. Dennoch schien Britannien zunächst – wie alle anderen nördlichen Grenzprovinzen – gerüstet und durchaus in der Lage, mit den Angriffen fertig zu werden. Dann brachen aber die Reitervölker aus dem Osten hervor. Die erste und vielleicht schrecklichste Angriffswelle bildeten die Hunnen. Sie fuhren unter die germanischen Stämme, trieben sie nach Westen und durchbrachen dabei das östliche Teilstück der Donaugrenze. Damit war das alte Römische Imperium dem Untergang geweiht, obwohl sein Ende noch in weiter Ferne lag. Das Großreich der Cäsaren zerfiel, nur sein östlicher Teil hatte – als oströmisches Kaiserreich – weiter Bestand. Der Zusammenbruch der Ostgrenze verstärkte den Druck auf den Westen noch weiter, denn der Ansturm der Hunnen löste in Europa Furcht und Schrecken aus. Viele zentraleuropäische Stämme versuchten, ihnen nach Westen zu entkommen.

Das Imperium wankt

Als Militärdiktatur war das Römische Imperium für Staatsstreiche und Putschversuche anfällig, besonders, wenn von außen drohende Gefahren nicht schnell und erfolgreich abgewehrt wurden. Selbst in friedlichen Zeiten konnte es vorkommen, daß ein ehrgeiziger Heerführer versuchte, mit Hilfe seiner Truppen auf den Kaiserthron zu gelangen. In einigen Fällen ging der Anstoß sogar von den Legionen selbst aus, die nach größerer Belohnung ihrer ständig mühsamer und gefährlicher werdenden Verteidigungsarbeit verlangten und bei Nichterfüllung ihrer Forderungen meuterten. Einige der Thronanwärter kamen auch aus Britannien. Sie verringerten die Mannschaftsstärke der Garnison weit über das zu verantwortende Maß hinaus, um eine Armee auf den Kontinent führen und in den Kampf um die Macht eingreifen zu können. Jedes Mal, wenn dies geschah, nutzten die an den Grenzen der Provinz lauernden Feinde die Schwäche der römisch-britischen Verteidiger aus.

Die Stellungen im Westen waren immer die ersten, von denen Soldaten abgezogen wurden. Die irischen Seeräuber stellten nach römischer Ansicht die geringste Bedrohung dar. Wales war darüber hinaus der ökonomisch unbedeutendste Teil der Provinz. Aus bis heute ungeklärten Gründen führten die Lebensbedingungen in Irland jedoch dazu, daß sich einige der Räuber in den westlichen Randgebieten von Wales dauerhaft niederließen, wo sie keine Vergeltungsmaßnahmen der geschwächten Garnison befürchten mußten. Im heutigen Dyfed und Gwynned entstanden irische Siedlungen, die sich allmählich auszudehnen begannen. In geringerem Umfang geschah Vergleichbares im nördlichen Bereich des heutigen Devon und in Cornwall.

Das Entblößen der Westgrenze setzte jedoch nicht die Anzahl von Legionären frei, die die selbsternannten Anwärter auf den Kaiserthron zur Verwirklichung ihrer Pläne benötigten. Daher wurden auch Soldaten aus den Garnisonen im Norden abgezogen. Wenn man bedenkt, daß die Verteidiger selbst bei voller Truppenstärke kaum in der Lage waren, die Stämme im Norden niederzuhalten, verwundert es nicht, daß – wie archäologische Funde zeigen – der Wall jedesmal überrannt wurde, sobald ein Gouverneur der Provinz Ambitionen auf den Kaiserthron zeigte und Legionäre von den Grenzen abzog. Die freien Stämme des schottischen Tieflands und die Pikten strömten durch die Lücken im römisch-britischen Verteidigungssystem, die ihre Angriffe geschlagen hatten. Oft beschränkten sich ihre Aktionen auf Raubüberfälle im Norden, einmal kamen sie jedoch bis fast nach London. Nach jedem dieser Durchbrüche bedurfte es größter Anstrengungen der Verteidiger, die Grenze wiederherzustellen und die kriegerischen Stämme zu unterwerfen. Nur die Garnisonen an der Sachsenküste waren gegen die Zumutungen der Kronprätendenten gefeit. In ihrem Gebiet war die Bedrohung von außen am stärksten und zielte auf den reichsten Teil der Provinz. Der Norden und der Westen konnten vernachlässigt werden, doch der Süden diente den Thronanwärtern nicht nur als Machtbasis, sondern war auch die Heimat der reichsten und einflußreichsten Bürger der Provinz, auf deren Unterstützung sie beim Anmelden ihres Herrschaftsanspruchs nicht zu verzichten wagten.

Wenn man all diese Entwicklungen in Betracht zieht, ergibt sich für das römische Verteidigungssystem in Britannien gegen Ende des 3. und im 4. Jahrhundert n.Chr. also folgende Situation:

– Es besteht eine Nordgrenze, die weitgehend stabil ist, zu ihrer Verteidigung aber einer starken römischen Garnison bedarf.

– Im Westen wird die Grenze zunehmend durchlässig, da dort die beständig dezimierte Schutztruppe nicht mehr in der Lage ist, in den Küstenregionen siedelnde irische Einwanderer zu vertreiben.

– Entlang der Sachsenküste erstreckt sich ein Verteidigungsgürtel, der aufgrund der in immer größerem Ausmaß und mit steigender Intensität geführten Raubüberfälle zunehmend Priorität erlangt. Gesichert wird er durch die mobile Eingreiftruppe, die für ihre Belange geschickt das römische Straßennetz nutzt.

Das Schicksal Britanniens lag somit in den Händen seiner Soldaten – diese Tatsache ist für unsere Suche nach dem historischen Artus von größter Bedeutung. Der Befehlshaber der römischen Truppen in der Provinz übte dort nunmehr die vollständige administrative Kontrolle aus und war nicht länger anderen Beamten gleichgestellt. Dem Militär wurden alle anderen Belange untergeordnet. Dennoch waren die römischen Verteidiger der Herausforderung, ihre Provinz gleich an drei Fronten verteidigen zu müssen, militärisch kaum gewachsen. Schon die kleinste Schwächung der Grenztruppen konnte zu einer Katastrophe führen. Und selbst bei voller Funktionsfähigkeit hatte das Verteidigungssystem Schwächen, die von den Beherrschern des Imperiums gerne übersehen wurden. Stagnation und ein aufgeblähtes Staatsgebilde forderten zudem selbst von einer so pragmatischen und flexiblen Gesellschaft wie der Roms ihren Tribut. Eine Folge davon waren etwa verminderte Steuereinnahmen, die wiederum die Fähigkeit der Provinz schwächten, eine ausreichend große Armee zu unterhalten. Gleichzeitig stieg der Druck durch Feinde von außen rapide an. Im Inneren drohten nun Meutereien durch Legionäre, deren Sold nicht gezahlt werden konnte. Einen Teil des ausstehenden Geldes erhielten die Legionäre schließlich in Form von kleinen, in der Nähe der Stationierungsorte gelegenen Ländereien. Dort sollten sie mit ihren inoffiziellen Familien – eine Heirat während des Militärdienstes war schließlich untersagt – Nahrungsmittel erzeugen und die Überschüsse verkaufen. Eine der großen Stärken des römischen Militärs war jedoch die Mobilität seiner Legionäre gewesen. Die Männer waren in ihren Garnisonen nicht gebunden und konnten jederzeit in einen anderen Teil des Imperiums aufbrechen. Grundbesitzer verlassen aber ihr Land nicht gerne.

Diese immobile Haltung wurde bei den Soldaten noch dadurch verstärkt, daß mit den Landschenkungen zugleich die von ihnen illegal eingegangenen Ehen de facto anerkannt wurden. Keine Maßnahme war geeigneter, die Flexibilität der Legionäre durch Unbeweglichkeit zu ersetzen.

Eine weitere Schwäche des Militärsystems hatte ähnlich fatale Auswirkungen. Die militärische Doktrin, Hilfstruppen niemals in ihren Heimatprovinzen einzusetzen, war allmählich aufgeweicht worden und wurde durch Gewährung des römischen Bürgerrechts an alle freien Männer des Imperiums völlig untergraben. Jetzt besaßen die Soldaten nicht nur Land, sie konnten sich als römische Bürger in ihrer Heimat niederlassen. Was konnte diese Männer noch dazu bewegen, Familie und Ländereien zu Hause zurückzulassen und ihren Dienst bereitwillig in einer anderen Provinz zu verrichten? Und noch ein weiterer Aspekt der imperialen Verteidigungspolitik des 4. Jahrhunderts n.Chr. gefährdete die Zukunft Britanniens und anderer römischer Provinzen. Die Truppenstärke der Garnisonen war häufig nicht mehr ausreichend. Daher wurden germanische Stammeskrieger, oft Kriegsgefangene, in bestimmten Gebieten angesiedelt, wo sie Land erhielten und dafür Militärdienst leisteten. Diese kleinen Einheiten stellten zunächst keine Bedrohung für die römischen Machthaber dar. Schließlich waren sie von wesentlich stärkeren römischen Militärkontingenten umgeben. Meutereien konnten so schnell niedergeschlagen werden. Als der Druck auf Rom im späten 4. und frühen 5. Jahrhundert n.Chr. weiter anstieg, wurden indes immer mehr römische Truppenverbände aus den abgelegeneren Provinzen, darunter auch Britannien, abgezogen, um das Kernland des Imperiums zu verteidigen. Mehr und mehr germanische, in ihrer Loyalität zweifelhafte Söldner mußten folglich rekrutiert werden, um die Lücken zu schließen.

Die Katastrophe

Den Ansturm der germanischen Völker auf die Rhein-Donau-Grenze schien das Imperium noch aufhalten zu können. Die Lage war jedoch äußerst gespannt, und es bedurfte nur eines kleinen Anstoßes, um die römische Verteidigungslinie zusammenbrechen zu lassen. Von allen unbemerkt nahte die tödliche

Gefahr aus den südosteuropäischen Steppengebieten – die Hunnen, deren Angriff wie bereits erwähnt fatale Auswirkungen hatte und mit wuchtigen Schlägen das Ende des Imperiums einläutete. Ironischerweise erlebte Britannien zu dieser Zeit eine letzte friedliche Phase voller Wohlstand und Sicherheit, nachdem es Mitte des 4. Jahrhunderts schon ausgesehen hatte, als würden die Verteidiger der Provinz in einem schrecklichen Ringen vom Gewicht ihrer Gegner schier erdrückt. Zeitgenössische Geschichtsschreiber sprachen von einer „Verschwörung der Barbaren", und die gleichzeitig erfolgenden Angriffe der Iren, Pikten, der Tieflandstämme und Sachsen ließen tatsächlich eine gewisse Absprache der Gegner vermuten. Von drei Seiten zugleich bedrängt, wurde die römische Armee eingeschlossen, in der Schlacht ihrer Befehlshaber beraubt und nur durch die Stärke ihrer Befestigungsanlagen vor einer vernichtenden Niederlage bewahrt. Der feindliche Ansturm ebbte jedoch wieder ab, die Grenzen konnten wieder befestigt werden, und das Land erwachte zu neuem Leben. Während der Rest des Imperiums unter den Schlägen seiner Feinde erzitterte und die römischen Verteidigungsstellungen im Nordosten Europas überrannt wurden, erlebte die nordwestliche Provinz eine letzte Blütezeit, obwohl die Feinde jenseits der Grenze weiterhin auf ihre Stunde warteten.

In diese letzte Phase des römischen Britannien fällt auch ein Ereignis, das wir wegen seiner Bedeutung für die weitere Zukunft der Provinz erwähnen sollten. Gegen Ende des Jahrhunderts griff der dortige römische Oberbefehlshaber nach dem Kaisermantel. Er erreichte sein ehrgeiziges Ziel fast, wurde letztendlich jedoch in einer Schlacht im Balkan geschlagen. Ein Teil seiner Armee befand sich auf dem Heimweg nach Britannien. In Gallien wurden ihr ausgedehnte Ländereien entlang der Küste angeboten. Als Gegenleistung sollten die britisch-römischen Truppen sächsische Piraten aus ihren Stützpunkten am Meer vertreiben. Die regelmäßige Heimsuchung durch die Sachsen hatte Teile der gallischen Nordküste – ebenso wie einige Küstenregionen in Ostbritannien – entvölkert, denn nur noch wenige Einheimische wollten dort in ständiger Furcht vor Überfällen ihr Leben fristen. Die heimkehrenden Krieger waren bereit, im Tausch für Siedlungsland ihre kriegerischen Fähigkeiten gegen die Seeräuber einzusetzen, und ließen sich entlang der felsigen Küste von Armorika nieder. Als Gallien schließlich in germanische Hände fiel, wurde dieses isolierte keltische Territorium als Bretannia oder Niederbritannien bekannt: Es handelt sich um die heutige Bretagne.

Die römische Provinz Britannien brachte – wenn auch unter völlig veränderten Umständen – schließlich doch noch einen Kaiser hervor. Der Teilabzug der britischen Garnison hatte die an den Grenzen lauernden räuberischen Völker und Stämme ermutigt. Das Problem bestand jedoch nicht nur in der Schwächung des militärischen Abwehrsystems. Viele der Soldaten, die von Britannien aus als Verteidiger des Imperiums an Rhein und Donau verlegt werden sollten, waren nicht mehr die Legionäre von einst, deren Loyalität ausschließlich der römischen Armee galt. Es handelte sich um Männer, die in Britannien geboren worden waren, dort Land bestellten und ihre Familien vor den wieder zunehmenden Raubüberfällen beschützen mußten, die von den schrumpfenden Militäreinheiten an der Grenze nicht mehr verhindert werden konnten. Warum sollten sie also in einem fremden Land das Leben völlig Unbekannter schützen, während ihre Heimat von wilden Kriegerhorden verwüstet wurde? Von der britischen Führungsschicht ermutigt, widersetzte sich die Armee dem Marschbefehl und ernannte ihren Befehlshaber Konstantin zum Kaiser. Dieser erhielt seine Würde jedoch nicht, um ein Imperium zu beherrschen, sondern um die britische Provinz zu regieren. Britannien sollte sein Reich werden, und seine Legionäre würden die Verteidigung ihrer Heimat übernehmen. Zwischen den Befestigungen im Norden und den befestigten Militärlagern entlang der Sachsenküste sollte die aus Reiterei und Fußtruppen zusammengesetzte mobile Einheit unter seinem Befehl ihre alten Aufgaben erfüllen, nämlich die Gegner, die durch die Maschen des Verteidigungsnetzes schlüpfen konnten, zu stellen und aus dem Land zu drängen. Die Steuereinnahmen der Provinz sollten zum Unterhalt der Armee verwendet werden. Die römische Lebensweise würde somit unabhängig von Rom weiterbestehen. Man schrieb das Jahr 406 n.Chr.

Der Untergang des Imperiums

Es gibt nur wenige schriftliche Zeugnisse aus diesen Jahren, die über Britanniens weiteres Schicksal Auskunft geben können.

Aus der Zeit zwischen 406 und 410 n.Chr. sind uns einige Ereignisse überliefert, doch für die Jahre danach sind wir auf die Schlüsse angewiesen, die wir aus Randbemerkungen zeitgenössischer Chroniken aus dem Ausland ziehen können, auf archäologische Funde und mündliche Überlieferungen, die erst viel später in schriftlicher Form festgehalten wurden. Im Jahr 407 n.Chr. erhielt das westliche Imperium, das die vom Rhein gebildete natürliche Grenze mit Unterstützung der am linken Ufer stationierten Garnisonen so lange gehalten hatte, den letzten, tödlichen Schlag. In der letzten Nacht des Jahres 406 n.Chr. fror der Fluß zu, und über das Eis kamen die germanischen Stammeskrieger und überwältigten die zahlenmäßig weit unterlegene Schutztruppe, die die Römer in ihren Abwehrstellungen am Flußufer zurückgelassen hatten. Die gallischen Provinzen erlebten einen feindlichen Ansturm wie nie zuvor, das Land versank in Schutt und Asche. Die plündernden Germanen kamen bis zur Kanalküste, bevor sie sich nach Süden wandten.

Diese Katastrophe schnitt nicht nur die nördlichste Provinz Roms vom verbleibenden Rest des Imperiums ab, sie weckte in Konstantin auch den Ehrgeiz, seinen Herrschaftsbereich auszudehnen. Den Zusammenbruch des römischen Gallien vor Augen, sah er die Stunde gekommen, mit Hilfe seiner Armee Vorteil aus der chaotischen Lage jenseits des Meeres zu ziehen. Mit allen verfügbaren Truppen setzte er aufs Festland über, um Gallien – nach dem Abzug der germanischen Stämme in südlicher Richtung – unter seine Kontrolle zu bringen. Welche Einheiten Konstantin bei seinem Unternehmen befehligte, ist uns nicht vollständig bekannt. Zweifellos nahm er die ihm direkt unterstehende mobile Einheit mit nach Gallien. Möglicherweise zog er auch die Reste der römischen Besatzung aus Wales ab. Was mit den Garnisonen der Sachsenküste geschah, läßt sich nicht mit Sicherheit sagen. Höchstwahrscheinlich folgten ihm nur wenige Legionäre aus dem Norden, die unter dem Befehl des römischen Kommandanten von York standen. Dessen Soldaten stammten vermutlich fast durchweg aus der Provinz und betrieben in der Nähe ihrer Stationierungsorte Landwirtschaft. Sie besaßen wahrscheinlich eine natürliche Abneigung gegen Abenteuer, bei denen sie ihre Heimat im Angesicht der ständigen Bedrohung durch die alten Feinde schutzlos zurücklassen mußten. Darüber hinaus hatte der

Befehlshaber von York wohl keine Ursache, seine Garnisonen zu schwächen, um einem – wenn auch nominell übergeordneten – Kollegen bei einem riskanten Akt der Selbstüberhöhung beizustehen.

Es ist überliefert, daß Konstantins Unternehmen anfangs erfolgreich verlief, daß er sich dann jedoch übernahm, verraten wurde und zu Tode kam. Doch schon kurz vor dem Ende seines ehrgeizigen Beherrschers brach das Unglück über Britannien herein. In welcher Form es die Provinz ereilte, ist uns nicht bekannt. Die Entwicklung der vorangegangenen Jahrzehnte läßt allerdings eine Zunahme irischer und sächsischer Überfälle im von Truppen entblößten Süden der Insel vermuten. Die konkrete Beschaffenheit des feindlichen Schlags bleibt uns verborgen, doch er muß mit solcher Wucht erfolgt sein, daß die Führungsschicht Britanniens Konstantin ebenso fallen ließ, wie er sie ihrer Einschätzung nach im Stich gelassen hatte. Nach 407 n.Chr. wurde ihre Situation so verzweifelt, daß sie im Jahre 410 n.Chr. ein Hilfeersuchen an den legitimen römischen Kaiser Honorius richteten. Damit entzogen die römischen Briten Konstantin ihre Loyalität und gaben zu erkennen, daß ihre Provinz sich wieder als Teil des Römischen Imperiums betrachtete. Kaiser Honorius war jedoch gar nicht in der Lage, sich mit den Problemen an der Peripherie seines Reichs auseinanderzusetzen. Von der Sicherheit seines Stützpunktes im norditalienischen Ravenna aus mußte er ohnmächtig hinnehmen, daß die Streitmacht der Goten unter Alarich Rom entgegen zog. Wenn es ihm noch nicht einmal möglich war, die alte Hauptstadt des römischen Reichs zu verteidigen, konnte er noch viel weniger Soldaten entbehren, um sie in die abgelegenste Provinz des Imperiums zu schicken. Er antwortete den Briten, sie sollten sich auf ihre eigenen Kräfte verlassen, bis Rom in der Lage sei, die Verbindung zu Britannien wieder aufzunehmen und Hilfe zu leisten.

An diesem Punkt verlieren wir den Überblick über die römisch-britische Geschichte. Irgendwann im darauf folgenden Dunklen Zeitalter hat Artus seinen Auftritt. Auf seine Existenz und seine Karriere weisen nur Indizien hin, aus denen wir unsere Schlußfolgerungen ziehen müssen. Letztendlich können wir nur Theorien formulieren, zu deren Verifizierung uns aber gesicherte Daten fehlen.

Das römische Vermächtnis

Bevor wir uns in das Dunkel der folgenden Jahrzehnte begeben, sollten wir noch einmal unseren Ausgangspunkt betrachten. Britannien war etwas mehr als 350 Jahre lang römische Provinz gewesen. Die Stärke Roms war sein Eklektizismus gewesen, seine Bereitschaft, Elemente fremder Kulturen zu absorbieren, wenn dies angebracht erschien oder politischen Erfolg versprach. Dabei gingen die Römer jedoch auf ihre eigene, unnachahmliche Weise vor und sorgten dafür, daß alles, was an fremden Kulturleistungen übernommen wurde, mit dem römischen Ethos und der römischen Lebensweise in Übereinstimmung gebracht wurde. Als Ergebnis derartiger Integrationsbemühungen drückte Rom seinen Provinzen einen unauslöschlichen Stempel auf.

Nur in den entlegensten Regionen des Imperiums gab es noch Menschen, die sich dem einen oder anderen einheimischen Stamm zugehörig fühlten. Die Bevölkerung des römischen Reichs betrachtete sich als Bürger der jeweiligen römischen Provinz und fand ihren geographischen Mittelpunkt in der Hauptstadt des Territoriums, in dem sie lebte. Die römischen Territorien überschnitten sich möglicherweise mit den alten Stammesgebieten, wie sie vor der Eroberung durch die Truppen des Imperiums bestanden hatten. Es gibt aber keine Hinweise darauf, daß die früheren Stammesgrenzen als solche in den Erinnerungen und Überlieferungen der Bevölkerung lange präsent blieben. Die neuen Städte waren nun Regierungs- und Verwaltungssitz. Rechtsstreitigkeiten wurden dort verhandelt, Verbrecher dort verurteilt und bestraft. Die Steuern wurden ebenfalls dort entrichtet. Auch die Bürger, die römisches Wahlrecht besaßen und über die Vergabe von Ämtern mitentscheiden konnten, gaben ihre Stimmen in den Städten ab.

Als das Imperium allmählich auseinanderfiel, erfuhr das alte, den Stämmen eigene Patronagesystem eine umfassende Renaissance. Die Schwächeren profitierten von der Möglichkeit, sich den Reichen und Mächtigen anzuschließen. So erhielt die einfache Bevölkerung Schutz und hatte eine Vertretung vor Gericht. Als Gegenleistung stellte sie den Schutzherren ihre Kampfkraft und bei Wahlen ihre Stimmen zur Verfügung. Da das Land von den Städten aus regiert wurde, verfügten die Angehörigen der Oberschicht über einen Wohnsitz oder eine

Vertretung in der Stadt, auch wenn sie sich hauptsächlich auf ihren Ländereien aufhielten, aus deren Ertrag ihr Wohlstand stammte. Wir könnten sogar behaupten, die alte Stammesorganisation unter einem Anführer sei wieder zum Leben erweckt worden, doch die neuen Machthaber betrachteten sich nicht als Stammeshäuptlinge, sondern als römische Statthalter. Sie unterhielten ein Verwaltungssystem, das trotz aller Widrigkeiten noch funktionsfähig war. Selbst wenn die römische Verwaltungsorganisation zusammenbrach, was hätte man auch an ihre Stelle setzen können? Die Elite und die einfache Bevölkerung kannten, wie zehn Generationen vor ihnen, nur die römische Lebensweise. Die neue Oberschicht genoß den Schutz der römischen Armee. Dem Militär fehlte möglicherweise die Schlagkraft, wie sie die Legionen zu ihren besten Zeiten besessen hatten; seine Möglichkeiten waren aber immer noch beträchtlich: Die Armee war gut bewaffnet, diszipliniert und stand in jahrhundertealter, für den nötigen Zusammenhalt sorgender Tradition. Auch noch als das Imperium der Agonie entgegen steuerte, hielt sie sich in den Schlachten von der Rheinmündung bis zum Schwarzen Meer zuverlässig und tapfer und unterlag nur nach erbitterten Kämpfen.

Die nach wie vor funktionstüchtige militärische und administrative Maschinerie wurde aus Steuermitteln finanziert, und selbst als Stagnation und Niedergang die Steuereinnahmen schwinden ließen, fanden römischer Einfallsreichtum und Pragmatismus Wege und Mittel, die Lücken zu schließen. Durch Zuweisung von Ländereien und Zahlung mit Naturalien, ergänzt durch etwas Münzgeld, konnten die Mittel für die Aufrechterhaltung der staatlichen Organisation aufgebracht werden. Selbst nach dem Zusammenbruch des Imperiums hielten Roms Erben an dieser Vorgehensweise fest.

Das nach-römische Britannien

Die ehemalige Provinz Britannien gliederte sich nach dem Zusammenbruch des Imperiums in drei Gebiete:
– Der Norden: Vom Hadrianswall bis zum Fluß Humber im Südosten und der befestigten Stadt Chester im Südwesten bildeten kleine Gehöfte, im Verein mit einigen größeren Landgütern, das Rückgrat des ökonomischen Lebens. Sie

standen unter dem Schutz militärischer Einheiten von beträchtlicher Stärke. Dieses Gebiet wurde vom Militärbefehlshaber in York kontrolliert.

– Der Westen: Im Inneren von Wales lebte möglicherweise wieder eine Form der alten Stammesgesellschaft auf. Irische Siedler brachten immer weitere Bereiche der Westküste in ihren Besitz. Lediglich in den Regionen um Chester, Wroxeter (in der Nähe des heutigen Shrewsbury), Gloucester und Caerleon gab es noch Formen einer zentralen Verwaltung des Landes.

– In den verbleibenden Regionen, dem wohlhabendsten Teil der ehemaligen Provinz, wechselten sich kleine Höfe mit großen, den Landsitzen der Mächtigen angegliederten Gütern ab. Dieser Teil des Landes verfügte über die höchste Konzentration an städtischen Siedlungen und über die am weitesten entwickelte Warenproduktion.

Der Süden wurde durch die militärische Stärke des Gouverneurs von York vor Angriffen der alten Feinde aus dem Norden, der Pikten und der Stämme des schottischen Tieflands, bewahrt. Die Befehlshaber Südenglands mußten sich aber um die Verteidigung der Sachsenküste bemühen und ließen daher die Iren bei ihrer allmählichen Besiedlung der walisischen Küsten und der abgelegeneren Teile von Devon und Cornwall gewähren. Es gab im Süden keine Zentralgewalt. Möglicherweise kamen die Mächtigen der Region regelmäßig zu einer Ratsversammlung zusammen, die ursprünglich religiösen Zwecken – etwa der Verehrung des göttlichen Imperators – gedient hatte. Es könnte diese Versammlung gewesen sein, die im Jahre 410 n.Chr. den britischen Hilfsappell an Honorius richtete, ihn nach seiner abschlägigen Antwort beim Wort nahm und nun nach eigenen Wegen und Mitteln zur Verteidigung ihres Herrschaftsbereichs suchte. Wir haben zwar keine Kenntnis davon, wie es der Machtelite gelang, sich trotz der ständig wachsenden Bedrohung von außen ihre Bewegungsmöglichkeit und Entscheidungsfähigkeit zu bewahren. Es gibt jedoch zeitgenössische Quellen vom Kontinent, aus denen zumindest darauf geschlossen werden kann, daß es ihr gelang.

Wir haben Grund zu der Annahme, daß die britischen Befehlshaber und Regenten ihre Herrschaft als Interregnum betrachteten, das bis zur Wiederherstellung des Imperiums währen sollte. Alle Erfahrungen und Überlieferungen der Briten sprachen dafür, daß die Römer zurückkehren und ihre Herrschaft über die Insel wieder errichten würden. Auch zuvor schon, wenn etwa ein Usurpator aus Britannien seinen Herrschaftsanspruch angemeldet hatte, war mitunter das Einvernehmen mit Rom beeinträchtigt und die Verbindung zum Rest des Imperiums über Jahre unterbrochen gewesen. Und noch jedes Mal hatte sich der Kontakt zu Rom wieder herstellen lassen. Deshalb folgten die Machthaber des südlichen Britannien den Befehlen ihres Kaisers, Selbsthilfe zu üben, und warteten die Rückkehr zur Normalität ab. Dazu kam es jedoch nie.

2. Auf dem Weg ins Dunkle Zeitalter

Ein klares Bild von der Lage in Britannien bietet sich uns erst wieder 150 Jahre später, in der Mitte des 6. Jahrhunderts n.Chr. Der Osten der Insel wurde allmählich zu „England". Germanische Köngreiche waren auf britischem Boden entstanden, die sich in ihrer sozialen, ökonomischen und politischen Struktur stark von der Gesellschaft der britischen Erben der römischen Provinz unterschieden. In den eineinhalb Jahrhunderten zwischen dem Abzug der Römer und der angelsächsischen Eroberung zerfiel also das römische Britannien. Dies ist der historische Kontext, in den Artus einzuordnen ist.

Auf der Suche nach dem historischen Artus müssen wir uns auf archäologische Erkenntnisse und unsere Schlußfolgerungen aus schriftlichem Quellenmaterial verlassen, das weitgehend aus späterer Zeit stammt und sich häufig nicht direkt auf die Lage in Britannien bezieht. Es gibt allerdings eine Fährte, der wir folgen können: die Spur der römisch-britischen Feldherren, der Kriegsherren von Britannien.

Der erste Kriegsherr

Zehn Jahre nach dem vergeblichen Appell der südenglischen Führer an Honorius standen ihre aus eigener Kraft erzielten Erfolge auf dem Spiel. Nach dem Abzug aller Garnisonen aus Wales nahm die Siedlungstätigkeit der Iren stark zu. Die irischen Kolonien in Nord-Devon und Cornwall dehnten sich ebenfalls aus. Diese Aktivitäten fielen mit einem weiteren Anstieg der von Irland ausgehenden Raubzüge zusammen. Die irischen Piraten liefen mit ihren Schiffen bevorzugt in den Bristol Channel ein, die Meeresbucht zwischen den Landspitzen Südwestenglands und Südwales', und richteten ihre Angriffe vor allem gegen den reichsten Teil Englands, gegen die Cotswolds und Wiltshire. Gleichzeitig nahmen die Überfälle der Pikten im Norden zu. Sie wurden möglicherweise durch die Vereinigung der Königreiche nördlich der Linie zwischen Forth und Clyde unter einem starken Herrscher begünstigt, der die kriegerische Unruhe seiner Männer auf das Gebiet jenseits seines Territoriums lenkte. Noch immer aber wurde die nördliche Grenze Britanniens durch den Hadrianswall gesichert. So konnten die Stämme des schottischen Tieflands weitgehend unter Kontrolle gehalten werden, obwohl sie auf die Grenztruppen zweifellos großen Druck ausübten. Wie in früheren Zeiten umgingen daher die Pikten die Stämme nördlich des Walls sowie dessen Verteidiger immer wieder über den Seeweg.

Mittels der sich vom Hadrianswall entlang der Ostküste nach Süden ziehenden Signalstationen konnten die britischen Ansiedlungen in Meeresnähe meist noch rechtzeitig von den herannahenden Feinden gewarnt werden. Daraufhin richteten die Pikten ihre Raubzüge weiter nach Süden. Über das noch aus der Römerzeit stammende Straßennetz gelangten sie in wohlhabendere Regionen. Der britische Befehlshaber von York kümmerte sich wenig um die Pikten, solange sie sein Gebiet verschonten, und überließ den Süden sich selbst. Er bezog aller Wahrscheinlichkeit keine materielle Unterstützung mehr von dort und beschränkte daher seine Aktivitäten hauptsächlich auf seinen Herrschaftsbereich. Die ursprünglichen Verwaltungsdistrikte der spät-römischen Provinz entwickelten sich ohnehin immer mehr zu getrennten Territorien, unter denen York nur eines von vielen war. Der Militärgouverneur von York wurde so allmählich zum Herrscher eines Kleinstaats.

Es scheint, daß die Bedrohung durch die Sachsen während dieser schwierigen Zeit entweder vorübergehend nicht mehr bestand oder stark abgenommen hatte. Gallien, das in der spät-römischen Zeit im Chaos zu versinken drohte, bot ihnen möglicherweise reichere und leichter zu erlangende Beute. Ferner läßt die Wiederaufnahme der irischen und piktischen Überfälle darauf schließen, daß die übrigen Feinde über die zunehmende Schwäche der britischen Verteidiger und die damit steigenden Erfolgsaussichten von Raubzügen über Land gut informiert waren. Wir können davon ausgehen, daß die britischen Befehlshaber nicht mehr bereit waren, die Kosten der Verteidigungsmaßnahmen zu tragen, mit deren Hilfe noch ein Jahrzehnt zuvor die irisch-piktische Bedrohung abgewendet werden konnte. Hier müssen wir nach der Ursache suchen.

Die Kosten der Verteidigung Britanniens

Die finanzielle Last der Verteidigungsmaßnahmen Britanniens trugen die Begüterten aus dem Süden der Insel. Als dort die Bedrohung durch die Sachsen vorübergehend nachließ, erschienen der regionalen Elite offenbar weitere Verteidigungsausgaben als unnötig. Die Abwesenheit von Gefahr täuschte – wie so oft in der Geschichte – Sicherheit vor. Hinzu kommt, daß die den Raubüberfällen am stärksten ausgesetzten Gebiete des Südens im Osten und entlang der nördlichen Küste des West Country lagen. Die Reichweite der Eindringlinge erstreckte sich nur selten bis in die wohlhabendsten Regionen – die Cotswolds und den Bereich Wiltshire – Hampshire – Dorset. Die zahlungsfähigsten Briten waren also gleichzeitig diejenigen, die am wenigsten bedroht waren. Daher waren sie wohl immer weniger geneigt, Verteidigungsmaßnahmen zu finanzieren, von denen überwiegend andere profitierten. Die Annahme, die britischen Verteidigungsprobleme seien letztendlich auf finanzielle Engpässe beim Unterhalt des Heeres bzw. fehlende Zahlungsbereitschaft der Wohlhabenden zurückzuführen, wird zudem durch die folgenden Ereignisse bestätigt.

Militärherrschaft

Um 420 n.Chr. kam es allem Anschein nach zu einem Machtkampf innerhalb der herrschenden Elite, aus dem ein einzelner Führer hervorging, der das Militär unter seine Kontrolle brachte. Er ist für uns von großer Bedeutung, denn der Weg, den er einschlägt, führt direkt zu Artus. In historischen Quellen und in der britischen Mythologie wird dieser Mann Vortigern genannt. Dabei handelt es sich höchstwahrscheinlich nicht um einen Namen, sondern einen Titel. Aus der römisch-keltischen Sprache, die unter dem beherrschenden Einfluß des Lateinischen aus der alten Keltensprache entstanden war, entwickelte sich allmählich eine Frühform des Walisischen. *Vortigern* ist demnach eine entstellte Form des altwalisischen Wortes für einen Heerführer mit ausgedehnten Machtbefugnissen. Woher dieser Mann kam und wie er zur Macht gelangte, ist uns nicht bekannt. Möglicherweise entstammte er nicht der herrschenden Klasse, sondern stand als militärischer Führer in deren

Dienst. Im Lauf der Jahre wurde aus dem Befehlsempfänger wohl eine Art Militärherrscher.

Vortigern kümmerte sich zunächst um das Irenproblem. Für ihn als fähigen und weitblickenden Heerführer kam es nicht in Frage, die westlichen Randgebiete Britanniens irischen Siedlern zu überlassen. Diese Gegenden waren vielleicht für seine Geldgeber nicht von Bedeutung, aber Vortigern war sich klar, daß ihm hier große Probleme erwachsen konnten. Tatsächlich expandierten die irischen Siedlungen in Wales bereits mit großer Geschwindigkeit nach Osten. Besonders betroffen davon war der Nordosten von Wales. Hier verfolgte Vortigern eine Doppelstrategie, die es ihm ermöglichte, die Iren in Devon und Cornwall zugleich unter Druck zu setzen. Er betrieb die Umsiedlung der Cornovier, eines Stammes aus jenem Gebiet, in dem die walisischen Hügel auf das Tiefland des heutigen Shropshire stoßen. Die Cornovier setzten sich in Bewegung und griffen die irischen Siedlungen im Südwesten an. Ein Teil des von ihnen eroberten Gebiets, die Grafschaft Cornwall, trägt heute noch ihren Namen. Die Cornovier, zuvor noch zu schwach, um die Iren in Wales abzuwehren, waren somit in der Lage, zumindest die irischen Siedler aus Nord-Devon zu vertreiben.

In das alte Gebiet der Cornovier rückten Teile der kriegerischen Stämme aus dem Tiefland nördlich des Hadrianswalls nach. Die am weitesten östlich gelegene Stammesgruppe, die Votadiner, waren seit Jahrhunderten zwischen den aggressiven Pikten im Norden und der stabilen römischen Grenze am Wall eingezwängt gewesen. Zusätzlicher Druck durch hohes Bevölkerungswachstum, möglicherweise auch Streitigkeiten innerhalb des Stammes, führten dazu, daß eine große Anzahl Krieger mit ihren Familien ins nördliche Wales auswanderten. Es handelte sich dabei um ein großangelegtes Siedlungsunternehmen, das vermutlich auf Zustimmung und Mithilfe des Befehlshabers von York angewiesen war. Dieser war mit Sicherheit daran interessiert, den Druck an seiner nördlichen Grenze zu mildern, hatte aber wahrscheinlich stärkste Bedenken, eine so große Anzahl von Kriegern sein Territorium der Länge nach durchqueren zu lassen. Vortigern machte Cunedda, dem Anführer der Auswanderer, ein einfaches Angebot: Nimm dir das Land, das du brauchst, von den Iren. Er rechnete mit Kämpfen vom östlichen Nordwales bis hin zur Lleyn-

Halbinsel und beabsichtigte so, einen möglichen Gegner im Norden durch einen langen Krieg mit einem noch gefährlicheren Feind abzulenken.

Vortigerns Plan ging auf. Cunedda und seine Nachkommen unterwarfen die Iren und begründeten Dynastien, die noch Jahrhunderte später das nördliche und westliche Wales beherrschten. Bei seinen Plänen für die Umsiedlungsaktion griff Vortigern auf römische Praxis zurück. Er wußte, daß die Befehlshaber des Imperiums seit Jahrhunderten vergleichbare Strategien angewandt hatten und handelte lediglich in der Nachfolge der Römer in Britannien. Auch sein zweites Unternehmen gründete auf römische Erfahrungen. Seit die Germanen die bröckelnden Grenzen des Imperiums überrannten, hatten verschiedene Herrscher einen oder mehrere germanische Stämme als *federati*, das heißt Verbündete, eingesetzt. Als Belohnung für die gegen die Feinde eines Herrschers, darunter häufig andere Germanenstämme, geleisteten Kriegsdienste erhielten die *federati* Land, auf dem sie sich als Untertanen ihres Auftraggebers niederlassen konnten. Darüber hinaus wurden sie mit Naturalien, in der Regel mit Getreide, unterstützt, bis sie in dem neuen Stammesgebiet selbständig wirtschaften konnten.

Als *federati* faßte Vortigern niemand anderen als die räuberischen Sachsen ins Auge. Obwohl diese ihr Interesse kurzfristig reicheren bzw. schwächeren Beuteländern zugewandt hatten, waren sie für die Briten stets eine Bedrohung geblieben. Es gab nach wie vor vereinzelte Aktivitäten der Sachsen in Britannien, und ein kleines sächsisches Kontingent nutzte gar ein isoliertes, abgelegenes Gebiet, die Insel Thanet im heutigen Kent, als festen Stützpunkt für ihre Beutezüge. Bei dieser Gruppe handelte es sich vermutlich nicht um einen einzelnen germanischen Stamm oder Stammeszweig. Vielmehr war sie wohl aus Kriegern unterschiedlicher Stämme bunt zusammengewürfelt. Ihr Anführer, ein Abenteurer namens Hengist, scheint mit seiner Schar an den Kämpfen verschiedener post-römischer Machthaber im Gebiet des heutigen Holland und Belgien beteiligt gewesen zu sein und hatte sein Ansehen dort vermutlich dermaßen verspielt, daß er in anderen Regionen neue Aufgaben für seine Krieger finden mußte.

Vortigern erkannte die Möglichkeit, die Sachsen als *federati* im Kampf mit den Pikten einzusetzen und bot ihnen die Insel Thanet sowie Kornlieferungen als Gegenleistung für ihre

Schwerter und Schiffe. Er beabsichtigte, sie unter Kontrolle zu halten und sich mit ihnen ein Werkzeug für seine militärischen Pläne zu schaffen. Ihre Anzahl war seiner Ansicht nach zu gering, um für ihn eine Bedrohung darzustellen, aber ausreichend genug, um mit den Pikten fertig zu werden. Wiederum ging Vortigerns Strategie auf. Die Überfälle der Pikten ließen nach – ob mit militärischer Gewalt oder einfach durch das Erscheinen einer starken Abwehrmacht erzwungen, ist uns nicht bekannt.

Um 425 n.Chr. hatte Vortigern seine Ziele erreicht. Die Bedrohung durch Iren und Pikten bestand nicht mehr; der Befehlshaber des Nordens war ihm zu Dank verpflichtet, weil durch die Umsiedlungen der Druck auf den Hadrianswall nachgelassen hatte. Darüber hinaus hatte Vortigern seine Macht enorm vergrößert. Nicht nur stand eine Gruppe *federati* zu seiner Verfügung, er konnte auch den Regenten des Südens ohne übermäßigen Aufwand Sicherheit garantieren. Diese mußten für den Unterhalt der Soldaten aufkommen und ebenso für die Getreidelieferungen an die *federati*, aber dennoch war der Preis für ihre Sicherheit damit nicht übermäßig hoch. Vortigern hatte auch einheimische Truppen zur Verfügung. Möglicherweise stellte jedes der kleinen Territorien, in die der Süden aufgespalten war, auf der Grundlage eines Quotensystems eine Anzahl Soldaten. Wir können davon ausgehen, daß sie ähnlich wie die mobilen Truppen des zerfallenen Römischen Imperiums mit hoher Geschwindigkeit von Einsatzort zu Einsatzort zogen, um an jeder Grenze möglichen Bedrohungen schnell entgegentreten zu können. Der Frieden wurde so vergleichsweise billig erkauft – und dennoch war der Preis offenbar zu hoch.

Bürgerkrieg

Während die übrigen Teile des nach-römischen Europa in den Wirren der Völkerwanderung versanken, erlebte Britannien ein Jahrzehnt des Friedens, das jedoch durch den Ausbruch eines alles vernichtenden Krieges im Süden ein abruptes Ende fand. Vortigern traf auf einen Gegner namens Ambrosius. Es ist uns nicht bekannt, ob es sich dabei um den Auftritt eines neuen Rivalen oder um die Rückkehr eines alten Feindes handelte, der möglicherweise aus der Bretagne stammte, wo sich viele Briten angesiedelt hatten.

Die Schlacht endete ergebnislos. Beide Opponenten mußten sich auf ihre Positionen zurückziehen. Vortigern fand Unterstützung und Anhänger im Osten, wo sich auch seine *federati* unter Hengist aufhielten. Ambrosius' Basis war der Südwesten des Landes. Dies läßt darauf schließen, daß der Konflikt möglicherweise über die Frage der Verteidigungskosten entbrannte. Von dem Frieden, den Vortigerns Politik etabliert hatte, profitierte vor allem die östliche Hälfte Britanniens, während die wohlhabenden Bevölkerungsgruppen hauptsächlich im Westen angesiedelt waren. Mit der Forderung, die Schutzbedürftigen für ihre Verteidigung selbst aufkommen zu lassen, wäre Ambrosius dort wohl bereitwillig unterstützt worden.

Nun ereignete sich etwas, wofür Vortigern von nachfolgenden Generationen als Urheber allen Übels verteufelt wurde und die Rolle des legendären Bösewichts zugeschrieben bekam, der Hengist und die Sachsen ins Land geholt hatte.

Die Ursprünge Englands

Beim Rekrutieren der sächsischen *federati* war Vortigern der erprobten Praxis der Römer in der Endphase des Imperiums gefolgt. Im Rückblick wird jedoch klar, daß er damit einer gefährlichen Entwicklung Vorschub geleistet hatte. Denn nun griff Hengist ihn an. Während Vortigern mit Ambrosius beschäftigt war, fielen ihm seine vermeintlichen Untertanen und Verbündeten in den Rücken. Hengist waren vermutlich mehrere Fälle bekannt, in denen germanische Kriegerhäuptlinge den schwachen Nachfolgern des römischen Reiches die Macht aus den Händen gerissen hatten. Einige von ihnen waren sogar in der Lage gewesen, die letzten, schwachen Kaiser des Westreiches zu kontrollieren. Jetzt sah Hengist die Stunde gekommen, es ihnen gleichzutun. Vortigerns Macht war nicht nur durch den Verlust des Westens geschwächt, er mußte darüber hinaus seine verbleibenden Kräfte einsetzen, um seinen Rivalen Ambrosius abzuwehren. Mit dem Westen hatte Vortigern auch einen Teil der Mittel verloren, die er zur Einhaltung des Abkommens mit den *federati* benötigte: die Getreidelieferungen. Diese Tatsache alleine hätte Hengist schon als Vertragsbruch auslegen und als Legitimation für die beginnenden Feindseligkeiten anführen können.

Wer weiß jedoch, ob Hengist derartige rechtliche Feinheiten interessierten. Auf jeden Fall wurde Vortigern durch einen wütenden Angriff aus Kent überrascht, der seine Truppen zerstreute und als großangelegter Raubzug nach Westen fortgesetzt wurde. Selbst wenn sie dies beabsichtigt hätten, waren die sächsischen Plünderer doch nicht zahlreich genug, um dauerhafte Eroberungen zu machen, deshalb zogen sie sich bald mit ihrer Beute in ihre eigenen Siedlungsgebiete zurück. Hinter sich ließen sie verwüstete Ländereien und ausreichend Verwirrung zurück, um damit rechnen zu können, für einige Zeit als eigene, keinem britischen Herrscher verpflichtete Herren auf ihrem Land in Frieden gelassen zu werden und dort in Ruhe weitere territoriale Expansionen zu planen.

Wir müssen an dieser Stelle in Betracht ziehen, daß Hengists Männer möglicherweise durch germanische Krieger aus dem Gebiet des heutigen East Anglia, dem östlichen Mittelengland, unterstützt wurden. Wir haben bereits erwähnt, daß germanische Söldner in Britannien dienten, und müssen die Möglichkeit, daß deren Nachkommen einem Aufruf des verschlagenen Hengist folgten, in unsere Überlegungen mit einbeziehen. Nach dem Zusammenbruch der römischen Herrschaft und daher ohne direkte Aufsicht, sahen die germanischen Siedler-Hilfstruppen nun wohl die Gelegenheit gekommen, ihr Gebiet nicht nur vor Eindringlingen zu schützen, sondern es ganz in ihre Kontrolle zu bringen. Dabei könnten sie vom allmählichen Zerfall des Drainage-Systems profitiert haben, mit dessen Hilfe die Römer Teile der ostenglischen Sümpfe – der heutigen Fens – trockengelegt hatten. Während das Wasser das Tiefland allmählich zurückeroberte, bildete es eine natürliche Barriere, hinter der germanische Siedler fast unangreifbar gewesen wären.

Ob der Angriff der Sachsen nur aus Kent erfolgte oder von einem zweiten aus East Anglia begleitet wurde, er forderte in jedem Fall Vergeltungsmaßnahmen heraus. Sobald sich Vortigern von seiner Überraschung und der Wucht des Angriffs erholt hatte, griff er seine ehemaligen Verbündeten an. Einen dermaßen gefährlichen Präzedenzfall konnte er nicht ungestraft durchgehen lassen. Hengist hatte wohl nicht erwartet, nach seinem Überfall völlig ungeschoren davonzukommen, aber er muß nach Abwägung der Risiken davon ausgegangen sein, den

Gegenschlag der Briten abwehren zu können. Vielleicht rechnete er damit, daß sich Ambrosius mit seinem Heer nun auf Vortigerns geschlagene Truppen stürzen und diesen endgültig besiegen oder zumindest für lange Zeit schwächen würde. Tatsächlich verrechnete sich Hengist aber in zwei Punkten. Ambrosius griff Vortigern nicht weiter an, sondern begnügte sich allem Anschein damit, den Westen Britanniens aus den kriegerischen Turbulenzen des Ostens herauszuhalten. Außerdem erfolgte der britische Gegenschlag mit größerer Macht, als Hengist erwartet hatte.

Unter Führung von Vortigerns Söhnen oder Günstlingen führten die britischen Streitkräfte einen dauerhaften Krieg, der sich möglicherweise bis zu einem Jahrzehnt hinzog, was sowohl auf die Schwächung von Vortigerns Heer als auch auf den erbitterten Widerstand der angelsächsischen Siedler zurückzuführen sein könnte. Das Ergebnis war jedoch eindeutig: Hengist wurde aus Kent vertrieben. Seine Männer folgten ihm entweder oder flohen in alle Himmelsrichtungen. Es scheint, daß Hengist selbst sich nach East Anglia retten konnte, wo er bei den dortigen Siedlern Zuflucht fand. Vortigern hatte sich aufgrund seiner beschränkten militärischen Mittel auf die Bekämpfung der unmittelbaren Gefahr in Kent beschränkt und die Siedler in East Anglia ungeschoren gelassen. Wahrscheinlich strömten bereits neue Auswanderer aus Germanien in dieses Gebiet und vervielfachten die Anzahl der bereits ansässigen Angelsachsen. Innerhalb kurzer Zeit sammelte sich dort ein beträchtliches Kriegerheer an.

Nun erhielt Vortigern Friedensangebote von Hengist. Möglicherweise, so kalkulierte Vortigern wohl, hatte Hengist seine Lektion gelernt und zeigte Reue. Jedenfalls stimmte Vortigern einem Treffen zu, bei dem er von Hengist erwartete, wieder die Rolle des untergebenen Verbündeten einzunehmen. Zweifellos beabsichtigte Vortigern, die wiedergewonnenen *federati* gegen Ambrosius einzusetzen – immerhin war er Nachfolger des römischen Befehlshabers in Britannien und damit für den ganzen Süden des Landes verantwortlich. Eine unbewaffnete Zusammenkunft war vereinbart worden, doch Hengist und seine Männer trugen insgeheim Waffen bei sich und metzelten Vortigerns Anhänger nieder. Vortigern selbst wurde nicht getötet, sondern am Leben gelassen, um Hengists weiteren Aktionen einen Anschein von Legalität zu verleihen. Wiederum wandelte der Eindringling in den Fußstapfen anderer germanischer Anführer, die Teile der nach-römischen Welt unter ihre Kontrolle gebracht hatten, ohne einen Thron zu besetzen oder einen Titel für sich zu beanspruchen. Vortigern trat nun von der Bühne ab – der erste Kriegsherr hatte seine Rolle gespielt.

Nach dem Mord an ihren Anführern waren die Briten einem weiteren sächsischen Ansturm ausgesetzt. Falls sich einige der Sachsen in Kent tatsächlich unterworfen hatten, ergriffen sie jetzt die Gelegenheit, ihr Joch abzuschütteln. Die Siedler in East Anglia sahen ihre Chance, ihren Herrschaftsbereich auszudehnen und ihrer zahlenmäßig rasch wachsenden Bevölkerung neues Territorium zu erobern. Die Briten im Osten der ehemaligen römischen Provinz Britannien waren zwar seit Jahrhunderten Raubüberfällen ausgesetzt und hatten gelernt, mit ihnen fertig zu werden, aber ihre Ökonomie wurde dadurch langfristig geschwächt. Gleichzeitig verschlangen die wachsenden Sumpfgebiete immer mehr fruchtbares Land. Die Nachbarschaft barbarischer Siedler und die von ihnen immer wieder geübte brutale Gewalt erwiesen sich vor diesem Hintergrund als zuviel für diejenigen, die der Gefahr am nächsten lebten. Manche suchten im Westen der Insel Schutz, viele aber kehrten der Gefahr ganz den Rücken. Sie zogen über das Meer nach Niederbritannien – in die Bretagne, wo schon viele Briten Zuflucht gefunden hatten.

Der zweite Kriegsherr

Eine große Anzahl Briten blieb jedoch im Osten. Diejenigen, die wenig zu verlieren oder gar etwas zu gewinnen hatten, kämpften in dem gefährlichen Grenzdistrikt weiterhin um ihren Lebensunterhalt. In schwierigen Zeiten fanden sie sichere Zuflucht in den Städten, da sich die Räuber nicht auf den Belagerungskrieg verstanden. In diesem Kriegsgebiet erschien nun Ambrosius.

Eine römische Armee?

Ambrosius wurde sich offenbar mit einem Schlag der bedrohlichen Situation im Osten Britanniens bewußt. Mit Truppen aus West- und Südbritannien griff er die sächsischen Siedler an.

Vermutlich bestand sein Heer zum Teil aus Freiwilligen, zum Teil aus Kriegern, die von den regionalen Herrschaftsbereichen gestellt wurden, in die die Provinz Britannien allmählich zerfiel. Einzelne Machthaber oder kleine Gruppen beherrschten jede der größeren Städte und die umliegenden Territorien. Da es in ihrem Interesse lag, die Siedler zu vertreiben, waren sie wohl – wenn auch zögernd – bereit, Ambrosius mit Männern und Nachschub zu versorgen. Das nach-römische Britannien besann sich somit einmal mehr seines römischen Erbes. In einer nicht mehr auf Geld als Zahlungsmittel beruhenden Ökonomie stellte die politische Elite einem ausgewählten Befehlshaber Männer, Pferde, Ausrüstung und Versorgung zur Verfügung, um Krieg führen zu können. Zweifellos erhielten die Krieger, die dem Führer dieser quasi-römischen Armee folgten, eine Art Sold. In der Tradition der mobilen Eingreiftruppe, die das militärische Rückgrat der letzten römischen Garnison in Britannien gebildet hatte, bestand das Heer aus einer von Infanterie unterstützten Reiterei. Das letztlich nicht realisierte Ziel dieser römisch-britischen Armee war es, die Angelsachsen aus ihren Siedlungen zu vertreiben und sie zurück ins Meer zu werfen, über das sie gekommen waren. Es gelang den Briten zwar, die Sachsen in ihre ursprünglichen Siedlungsgebiete zurückzudrängen, aus denen sie unter Vortigern ausgebrochen waren. Die Sieger sahen sich jedoch mit der bitteren Tatsache konfrontiert, daß ein endgültiger, umfassender militärischer Erfolg nicht mehr erreichbar war.

Resignation

Die Zahl der sächsischen Siedler war bis um 460 n.Chr., der Zeit, in der wir uns nun befinden, beträchtlich angestiegen. Viele der Ambrosius' Heer gegenüberstehenden Angelsachsen waren bereits in den sächsischen Siedlungen in Kent und East Anglia zur Welt gekommen. Auch sie hatten inzwischen Familien, und in einer Gesellschaft, in der ein Mann schon mit 14 Jahren alt genug war, um zu kämpfen, wuchs das kriegerische Potential der Siedler beständig an. Darüber hinaus strömten den angelsächsische Territorien unvermindert Einwanderer aus Kontinentaleuropa zu. Früher oder später muß deshalb der Verlauf der Kämpfe den Briten klargemacht haben, daß es schlicht unmöglich war, alle Siedler zu vertreiben. Daher gingen sie dazu über, möglichst weit ins Territorium des Gegners einzudringen und dann an strategisch wichtigen Punkten befestigte Stützpunkte zu errichten. So konnten sie die Siedler ständig im Auge behalten und rechtzeitig jedwede Expansionsversuche oder militärische Zusammenballungen im Ansatz ersticken. Bei dem starken Wachstum der angelsächsischen Bevölkerung mußte diese Politik letztlich entweder zu deren Auswanderung oder zu schweren Hungersnöten im Siedlungsgebiet führen.

Die Feldzüge des Ambrosius

Ambrosius führte – mit Unterbrechungen – etwa 20 Jahre lang Krieg gegen die Angelsachsen, wie wir die in Britannien siedelnden und dort längst heimisch gewordenen Sachsen fortan nennen wollen. Das Wenige, das uns über Ambrosius bekannt ist, deutet darauf hin, daß er der Adelsschicht der vormals römischen Provinz entstammte. Möglicherweise war er ein Abkömmling eines der Männer, die von Britannien aus versucht hatten, die römische Kaiserkrone zu gewinnen. Zweifellos erlaubte ihm dieser Hintergrund, die Rolle des Heerführers zu übernehmen. Beim Erreichen dieser Position setzte Ambrosius neben seiner Abstammung möglicherweise auch sein Vermögen ein. Darüber hinaus besaß er wohl – seine Erfolge sprechen dafür – beträchtliche militärische Fähigkeiten.

Ambrosius' Kriegführung läßt sich indes nicht mit der des 20. Jahrhunderts vergleichen. Seine Truppen kämpften nicht ständig, sondern nur zu bestimmten Jahreszeiten. Es gab längere Unterbrechungen der Kriegstätigkeit, von denen sich einige möglicherweise über Jahre erstreckten. In der Regel wartete Ambrosius wohl ab, bis Männer und Reittiere sich von den Strapazen des Winters erholt hatten und die Grasdecke dicht genug war, die Pferde zu ernähren. Zumindest ein Teil seiner Truppen bestand wohl aus selbständigen Bauern, die die Aussaat im Frühling abwarten mußten, bevor sie ins Feld ziehen konnten. Ebenso war ihre Rückkehr zur Ernte erforderlich. Auch gab es wohl Jahre, in denen sich die Angelsachsen – etwa nach schlechten Ernten oder ansteckenden Krankheiten, die ihre Bevölkerung schwächten – ruhig verhielten, weshalb dann keine britischen Gegenmaßnahmen nötig wurden.

Die Frage stellt sich natürlich, wie oft die Oberschicht, die die finanziellen Lasten des Krieges trug, während eines friedlichen Jahres daran dachte, zumindest einen Teil der Armee nach Hause zu schicken. Hatte sie die von den Angelsachsen erteilte und nur wenige Jahre zurückliegende bittere Lektion bereits vergessen? Falls dies so war, muß sie Ambrosius ständig an die nicht nachlassende angelsächsische Gefahr erinnert haben, denn der britische Druck auf die Eindringlinge blieb auch in Zeiten des Friedens bestehen. Ohne ein starkes, kampfbereites Heer wäre das aber ein Ding der Unmöglichkeit gewesen.

Dann starb Ambrosius – etwa zwischen 470 und 480 n.Chr. Der zweite der britischen Kriegsherren trat ab, und wir erreichen den kritischen Punkt auf unserer Suche nach Artus.

Der dritte Kriegsherr

Vortigerns Herrschaft war Ergebnis der Rückbesinnung auf die – für kurze Zeit in Vergessenheit geratene – römisch-britische Tradition eines einzigen Militärbefehlshabers, der sich mit der Bedrohung durch einen bekannten Gegner auseinandersetzte. Der erste der Kriegsherren versuchte, seine Ziele mit einer Strategie zu erreichen, die sich bei der römischen Garnison in Britannien bewährt hatte. Obwohl Vortigern keinen offensichtlichen Fehler beging, schlug ein Teil seiner Pläne auf tragische Weise fehl. Aus der Katastrophe, die zu Vortigerns Untergang führte, ergab sich eine für ganz Britannien bedrohliche Situation, in der ebenfalls auf ein traditionelles Mittel der Kriegführung zurückgegriffen wurde: Alle regionalen Truppen wurden einem einzigen Befehlshaber unterstellt. Auch der zweite der Kriegsherren hatte die alleinige Befehlsgewalt über das Heer und konnte im Kampf gegen einen gemeinsamen Gegner allgemeiner Unterstützung sicher sein. Schließlich ging es darum, die einzige Lebensform zu bewahren, die die Briten kannten oder verstanden, und die römisch-britische Kultur gegen den Ansturm der Barbaren in Gestalt der germanischen Stammeskrieger zu verteidigen.

Ambrosius' Zeit war inzwischen abgelaufen, während die Gefahr durch die fremden Siedler weiterhin bestand. Zwar wurden die Angelsachsen unter militärischer Kontrolle gehalten und ihr

Expansionsdrang gebremst, doch in ihren übervölkerten Siedlungsgebieten lauerte ein kriegerisches Volk nur auf die Gelegenheit, sich weiteres Land zu nehmen. Dennoch muß wohl die Versuchung, das kostspielige Heer aufzulösen, für die britischen Regionalherrscher nach Ambrosius' Tod groß gewesen sein. Wie schon in der Vergangenheit hätten sie dies letztlich wohl auch durchgesetzt und sich dabei mit der Annahme beruhigt, die in ihren Siedlungsgebieten eingepferchten Angelsachsen stellten keine wirkliche Gefahr mehr dar. Aber die politische Lage änderte sich schneller, als jemals zu erwarten gewesen war.

Die wachsende Gefahr

Gegen Ende des 5. Jahrhunderts zeichneten sich drei entscheidende Entwicklungen ab. Zum einen zerschlug Chlodwig, der Begründer des fränkischen Königreichs in Gallien, alle Widerstände gegen seine Herrschaft innerhalb seines eigenen Volkes und unter den Volksgruppen, die sich weigerten, seine Untertanen zu werden. Zu seinen Opfern gehörten auch kleine Gruppen von seefahrenden Plünderern. Ihre Basen zogen sich an der Küste entlang, die Chlodwig nun seinem Königreich einverleibte. Die räuberischen Sippen selbst waren in Chlodwigs Reich nicht länger willkommen – sie mußten sich entweder der Frankenherrschaft unterwerfen oder auswandern. Zumindest eine größere Stammesgruppe wählte die zweite Möglichkeit und setzte sich in einem Teil des südlichen England fest. Der Name ihres Anführers ist uns als Aelle überliefert; das Königreich, das seiner Ansiedlung entsprang, wurde später als Reich der südlichen Sachsen – Sussex – bekannt.

Zweitens erfolgte – aus heute nicht bekannten Gründen – eine letzte große Auswanderungswelle aus der alten Heimat der germanischen Räuber. Aus der Gegend, die heute zum südlichen Dänemark und zum Norden Deutschlands gehört, kamen jetzt die Stammesführer, deren überzählige Untertanen die Quelle von so viel Leid und Zerstörung für das spät- und nach-römische Europa gewesen waren. Dorthin, wo ihre Krieger einst hingezogen waren, folgten sie nun mit einem Großteil ihrer verbleibenden Untertanen nach. Einige dieser Herrscher – vielleicht die meisten – wandten sich nach Ostbritannien. Obwohl sie in den Siedlungen von East Anglia möglicherweise willkommen geheißen wurden, gab es in den alten angelsächsischen Territorien kaum freies Land für sie. Deshalb versuchten die Neuankömmlinge, weiter nördlich im heutigen Lincolnshire und im Marschland an der Einmündung des Trent in den Humber Fuß zu fassen. Dadurch erhielt die sächsische Bedrohung des britischen Heers eine neue Dimension. Die Herrscher im Süden mußten sich mit dem Befehlshaber in York verständigen, dessen südliche Flanke nun ebenfalls bedroht war. Doch hier kam die dritte der angesprochenen Entwicklungstendenzen zum Tragen: Die einheitliche Herrschaft über den Norden zerfiel. Nach dem Abzug der Römer war Nordengland über mindestens zwei, möglicherweise über drei Generationen hinweg von York aus regiert worden – entweder von einer herrschenden Familie oder aufeinander folgenden militärischen Befehlshabern. Nun jedoch zerbrach Yorks beherrschende Position – entweder aufgrund von Erbfolgestreitigkeiten oder durch den Ehrgeiz derjenigen lokalen Anführer, die danach strebten, sich als unabhängige, selbständige Regenten zu behaupten. Englands Norden zerfiel in kleine Fürstentümer.

Für die Regenten des Südens ergaben sich daraus einige Probleme. Ein in viele kleine Herrschaftsbereiche aufgesplitterter Norden konnte den anbrandenden Wellen neuer sächsischer Siedler nur wenig oder gar nichts entgegensetzen. Und, ebenso bedrohlich: Die Stämme nördlich des Hadrianswalls waren jetzt möglicherweise in der Lage, diesen zu durchbrechen. Seit der letzten größeren Invasion war vielleicht schon viel Zeit vergangen, doch Roms Nachfolger in Britannien kannten ihre Geschichte. Ambrosius starb also zu einer Zeit, als nicht nur die Angelsachsen im Osten noch eine beträchtliche Bedrohung darstellten, sondern sich die ganze politische Situation im Süden, Norden und Osten dramatisch verschlechterte. Selbst Zweifler konnten erkennen, daß jetzt keine Zeit dafür war, die Wachsamkeit und Stärke der britischen Truppen zu reduzieren. Das nach-römische Britannien erlebte nun die größte Krise des Jahrhunderts. Zu diesem Zeitpunkt erschien aber ein Mann auf der politischen Bühne, der der Gefahr nicht nur standhielt, sondern sie überwand und Britannien eine letzte Blütezeit in Frieden und Wohlstand ermöglichte, bevor die Katastrophe eintrat, die einen Großteil der ehemaligen römischen Provinz unter angelsächsische Herrschaft fallen ließ.

Die Verteidigung des römischen Erbes

Die Nachfahren der römisch-britischen Führungsschicht verstanden sich gegen Ende des 5. Jahrhunderts n.Chr. als Könige und Fürsten und teilten sich die Herrschaft über die in kleinere regionale Herrschaften aufgespaltene ehemalige römische Provinz Britannien. Solange ihre Mittel es ihnen gestatteten, behielten sie den Lebensstil ihrer romanisierten Vorfahren bei. Ihre Regierungssitze hatten sie in den von den Römern gegründeten und befestigten Städten.

Ihre Truppen waren nach der Art der römischen Legionen organisiert, die die Provinz bis zum Zusammenbruch des weströmischen Imperiums verteidigt hatten. Wie schon die römische Armee konnten sich die Krieger bei der Abwehr von Eindringlingen auf das ausgedehnte Straßennetz stützen, das die schnelle Ausführung militärischer Operationen ermöglichte. Diese Straßen waren so gut gebaut, daß sie auch nach dem Abzug der Römer und dem Wegfall regelmäßiger Wartung der Zeit trotzten und den Briten für ihre Zwecke zur Verfügung standen.

Es war keiner der angesprochenen Regionalherrscher, der unter dem Namen Artus die Nachfolge Ambrosius' antrat. Dies ist das einzige, was bei der Suche nach Artus als gesichert gelten kann. Ansonsten wissen wir von Artus nur, daß er die Truppen der britischen Regenten befehligte, aber selbst weder Fürst noch König war, obwohl er wahrscheinlich der britischen Adelsschicht entstammte. Selbst sein Name ist zum Gegenstand gelehrter Kontroversen geworden – handelt es sich dabei um einen Geburts- oder Familiennamen einer Person oder etwa um einen Titel, wie zum Beispiel bei *Vortigern*? Wir wissen, was vor seiner Herrschaft geschah, und wir kennen seine Nachfolger. Vom Leben des Mannes, der zu einer der bedeutendsten Figuren der britischen Geschichte wurde, ist uns im wahrsten Sinne des Wortes nichts bekannt. Wir können lediglich aus den uns zur Verfügung stehenden Quellen Rückschlüsse auf Artus' Person und Karriere ziehen. Das einzig Greifbare sind Artus' (militärische) Erfolge, die in britischen Überlieferungen, Sagen und Märchen ihren Niederschlag fanden. Eine weit über die keltische Welt hinausreichende Legende entstand. Mittelalterliche Erzähler und Romanschreiber schufen schließlich einen Mythos, der sich seither durch die europäische Literatur fast aller Epochen zieht.

Der Kriegsherrscher

Artus' Leben war vom Krieg bestimmt. Er war kein gesalbter
Monarch mit entsprechenden Rechten und Pflichten, war
weder oberster Richter, Kopf eines Verwaltungsapparats noch
religiöses Oberhaupt. Er war ein Feldherr, der die Truppen der
britischen Herrscher im Kampf gegen die von ihnen so emp-
fundenen „Mächte der Dunkelheit" führte, gegen einen Feind,
der durch seine scheinbar primitive, barbarische Lebensweise
alle britischen Traditionen bzw. die Überreste der römisch-britischen Zivilisation bedrohte. Alles, was uns von Artus bleibt,
sind seine Schlachten. Die einzige Quelle, die uns darüber
Auskunft geben kann, wurde zudem zum Gegenstand heftiger
Debatten bezüglich ihrer Genauigkeit und ihrer korrekten
Interpretation. Eine weitere entscheidende Frage stellt sich: Wo
liegen die dort genannten Orte? Bis heute wurde mit viel Mühe
und Einfallsreichtum versucht, die Schauplätze von Artus'
Schlachten zu identifizieren. Dennoch kann keine der möglichen Lokalisierungen als wissenschaftlich gesichert gelten. In
der Artus-Forschung wurde eine gewisse Übereinstimmung
erreicht, nach der wir mit einiger Sicherheit annehmen
können, daß sich Artus' Feldzüge vom Gebiet des heutigen
Schottland bis in den Westen Englands erstreckten. Vielleicht
ist dies auch der Grund dafür, daß Geschichte und Legenden
Artus und nicht etwa Ambrosius als die herausragende Figur
der römisch-britischen Epoche benennen. Während Ambrosius
in einem begrenzten Bereich Südbritanniens gegen die frühen
germanischen Siedler kämpfte, mußte sich Artus mit zahlrei-
chen Bedrohungen in einem wesentlich größeren Teil des
Landes auseinandersetzen.

Die Aufzählung seiner Schlachten verlegt einen beträchtlichen Teil der Kämpfe in die Flußtäler des östlichen Britannien.
Das überrascht nicht, wenn man bedenkt, daß die nordeuropä-
ischen Eindringlinge mit ihren Schiffe bevorzugt in Flußmündungen einliefen und so weit wie möglich flußaufwärts segel-
ten, wo ihnen Sümpfe und Marschland Schutz vor Artus'
Reitern gewährten. Aller Wahrscheinlichkeit nach verließen
auch viele angelsächsische Familien ihre von britischen Reiter-
truppen und Garnisonen abgeriegelten Siedlungsgebiete in
Kent und East Anglia über den Seeweg, um weiter nördlich
neue Niederlassungen zu gründen. Mit Sicherheit waren sie

nicht in der Lage, den unter Ambrosius entstandenen und durch berittene Eingreiftruppen verstärkten Sperrgürtel aus Befestigungsanlagen zu durchbrechen. Es gibt keine Hinweise dafür, daß Artus in Kent oder East Anglia gegen die Angelsachsen kämpfte, obwohl die nördlichen Bereiche der letztgenannten Region durchaus zum Operationsgebiet seines Heeres gehört haben könnten. In jedem Fall waren es weniger die alteingesessenen Siedler, die Artus' Aufmerksamkeit auf sich zogen, als vielmehr die angelsächsischen Neuankömmlinge.

Der britische Feldherr sah sich jedoch nicht nur den Angelsachsen gegenüber. Einige seiner Schlachten fanden weit im Norden Englands, andere im Westen statt. Im Norden forderten entweder Überfälle der Pikten Artus heraus, oder es bestand dort ein Angriffsbündnis zwischen den Pikten und Stämmen des schottischen Tieflands, die sich schon den Römern lange Zeit widersetzt hatten. Der Überlieferung nach waren Artus' Gegner jedenfalls Pikten aus dem Gebiet nördlich der Flüsse Forth und Clyde. Trifft dies zu, handelte Artus zweifellos im Auftrag der Regenten des nördlichen Britannien. Im Westen könnte es sich bei dem Feind um irische Räuber gehandelt haben, die wieder einmal die Küstenregionen heimsuchten. Es könnte dort auch zur Kraftprobe mit Cuneddas Nachfahren gekommen sein, die möglicherweise versuchten, sich über das mit Vortigern geschlossene Abkommen hinaus weiteres Land anzueignen.

Berittene Truppen

Obwohl die Artus-Welt der mittelalterlichen Romane von Rittern bestimmt wird, sollten wir uns nicht zu der Annahme verleiten lassen, daß hier zeitgenössische Autoren ihre Auffassung von Kriegführung in die Vergangenheit projizierten. Wir sollten viel eher davon ausgehen, daß die Artus-Überlieferungen so beschaffen waren, daß sie von den Erzählern des Mittelalters ohne größeren Aufwand in ihre Welt des Rittertums und der höfischen Liebe übertragen werden konnten. Berittene Truppen bestimmten jedenfalls Artus' Feldzüge. Eine äußerst bewegliche Reitertruppe, verstärkt durch Infanterieeinheiten, kam ja vielleicht schon unter Vortigern, mit Sicherheit jedoch unter Ambrosius zum Einsatz. Artus hätte ohne schnelle Rei-

terei kaum den weiten Bereich zwischen Norden und Südwesten beherrschen können. Das allmählich verfallende, aber
noch funktionsfähige römische Straßennetz ermöglichte ihm
schnellen Zugang zu den bedrohten Gebieten.

Britannien wurde damals zwar von lediglich regional bedeutenden Herrschern regiert, die eifersüchtig über die Selbstän-
digkeit ihrer Territorien wachten, dennoch waren sie sich im
klaren darüber, daß sie allein nichts gegen landhungrige Siedler,
feindliche Nordmänner und plündernde Iren ausrichten konnten. Die britischen Regenten stellten ihrem Heerführer daher
Männer, Reittiere, Waffen und Verpflegung zur Verfügung, um
die Einsatzfähigkeit seiner Truppen zu gewährleisten. Immer
wenn in ihrem Gebiet die Bedrohung durch feindliche Kräfte
zu groß war, um sie mit den eigenen Kriegern abzuwehren,
wurde Artus' Armee zur Hilfe gerufen. Letzteres fiel den bedrohten Fürsten nicht leicht. Sobald Artus ihr Herrschaftsge-
biet betrat, mußten sie seine Truppen solange direkt versorgen,
bis die Gefahr gebannt war. Vermutlich begab sich Artus mit
seiner Reiterei so schnell wie möglich in die bedrohten Gebiete. War der Feind für sein kleines Reiterheer zu zahlreich,
mußte der Feldherr auf die Fußtruppen warten, die dem Haupt-
heer nachfolgten. Seine Streitkräfte wurden in solchen Fällen
durch Aushebungen unter der einheimischen Bevölkerung
verstärkt. Die Hauptlast des Kampfes trugen jedoch Artus' Be-
rufssoldaten.

Reiterangriffe spielten bei den militärischen Auseinandersetzungen wohl keine tragende Rolle. Möglicherweise ritten
Artus' Krieger zur Schlacht und kämpften anschließend zu
Fuß, oder sie versuchten, in der Schlachtreihe des Gegners Verwirrung zu stiften. Der Steigbügel hatte die Kriegführung noch
nicht revolutioniert. Ohne den durch diese Erfindung ermög-
lichten festen Halt im Sattel war ein Angriff auf einen soliden
Schildwall aber undenkbar, selbst wenn es möglich gewesen
wäre, die Pferde zum Ansturm auf eine derart bedrohliche For-
mation zu bewegen. Doch auch so sollte man die Möglichkeiten
berittener Krieger nicht unterschätzen. Es gibt häufig doku-
mentierte Aussagen über Furcht und Schrecken, die gegnerische
Kavallerie bei den germanischen Stammeskriegern auslöste.
Die Reiter waren zwar nicht in der Lage, gegen einen Schildwall angelsächsischer Krieger anzustürmen, konnten jedoch
verhindern, daß dieser sich auflöste und die gegnerischen

Truppen ausschwärmten. Die Reiterei konnte landende Eindringlinge zum Anhalten zwingen, verhindern, daß sie sich in Ruhe formierten, und alle überwältigen, die den Schutz der Menge verließen. Dann stürmte vermutlich die volle Wucht des britischen Fußheers auf den Feind ein. War der gegnerische Schildwall einmal durchbrochen, konnten die Reiter zwischen die fliehenden Feinde fahren.

Selbstverständlich sind berittene Krieger verwundbar, wenn sie sich nicht in Bewegung befinden. Artus benötigte vermutlich eine feste Basis als Hauptquartier und Winterlager seiner Reiterei. Militärische Erfahrungen legen nahe, daß zumindest ein Teil seiner Streitmacht jeden Winter die Waffen niederlegte, nach Hause zurückkehrte und im nächsten Frühjahr wieder zur Truppe stieß. Aus strategischen, taktischen (und auch politischen) Gründen blieb wohl ein beträchtlicher Teil des Heeres das ganze Jahr über einsatzbereit. Viele dieser Vollzeitkrieger hatten wohl Familien, deren materielles Auskommen gewährleistet werden mußte, wenn die Männer ins Feld zogen. Um ihren Lebensunterhalt zu sichern, betrieben diese Familien höchstwahrscheinlich Landwirtschaft. All diese Argumente sprechen für einen befestigten Stützpunkt, in sicherem Abstand von der angelsächsischen Bedrohung, jedoch in der Nähe einer zentralen Stelle im Straßennetz gelegen, um die Armee jederzeit schnell gegen Angreifer in Stellung bringen zu können. Die Städte waren zu diesem Zweck wenig geeignet: Innerhalb der Stadtbefestigungen gab es wenig Platz für eine größere Reitertruppe, darüber hinaus fühlen sich Zivilisten in direkter Nachbarschaft zu einer großen Anzahl Soldaten selten besonders wohl.

Die Römer hinterließen nur drei befestigte Heerlager: York, Chester und Caerleon. York war lange der Stützpunkt des Herrschers über Nordbritannien gewesen. Selbst als seine Macht schwand, dürfte er seine Hauptstadt wohl kaum einem anderen Befehlshaber übergeben haben. Chester hatte den Vorteil, daß es sich nahe genug an der von Iren bedrohten Küstenregion und nicht zu weit vom Hadrianswall befand, der die nördliche Grenze der Provinz bildete. Obwohl ans römische Straßennetz angeschlossen, war es jedoch zu weit vom angelsächsischen Hauptsiedlungsgebiet im Südosten entfernt. Von allen drei Befestigungen lag somit Caerleon den Sachsengebieten in Kent und East Anglia, von denen die größte Bedrohung für die

Briten ausging, am nächsten. Von Caerleon aus war das Straßennetz in kürzester Zeit erreichbar, vor allem aber lag der Fosse Way in nächster Nähe, eine alte Heerstraße, die einerseits direkt zur angelsächsischen Ostküste, in anderer Richtung jedoch unmittelbar ins Zentrum des Straßennetzes führte. Von Caerleon aus konnten die Briten auch irischen Angriffen im Westen von Wales oder dem West Country, dem heutigen Südwestengland, schnell entgegentreten. Außerdem waren im Notfall Chester und der Nordwesten in verhältnismäßig kurzer Zeit erreichbar. Obwohl für das legendäre Camelot auch andere Orte in Frage kommen, entsprach Caerleon den taktischen und praktischen Bedürfnissen des britischen Feldherrn noch am ehesten. Der Herrscher der Region um Caerleon mußte bei der Übernahme der Stadt durch Artus noch nicht einmal auf sein administratives Zentrum verzichten, denn Gwent wurde vom nahegelegenen Caerwent aus regiert.

Jahr für Jahr zog sich Artus nach Beendigung der sommerlichen Feldzüge in die Sicherheit seiner Festung zurück, wo sich Männer und Reittiere erholen, Waffen, Rüstungen, Sättel und Zaumzeug ausgebessert und die Heerfahrten des folgenden Jahres geplant werden konnten. Zweifellos mußte sich Artus auch einen Teil des Winters mit den politischen Problemen der britischen Fürsten, seiner Auftraggeber, befassen, von denen wohl jeder seine eigenen Anliegen als besonders schwerwiegend empfand. Sobald der Frühling ins Land zog, begab sich die britische Streitmacht wieder ins Feld, immer in Bewegung, kreuz und quer durch Britannien, um sicherzustellen, daß die britischen Befestigungsringe die angelsächsischen Siedler in deren Territorium festhielten, und um alle gegnerischen Versuche, neues Land zu besetzen, zu vereiteln. Im Norden und Westen mußten darüber hinaus Einfälle der alten Feinde, der Iren und Pikten, abgewehrt werden.

Ein grausamer und unnachgiebiger Gegner

Wir wissen nicht, wie lange Artus den Angelsachsen Widerstand leistete – den Neuankömmlingen, die sich auf britischem Boden niederlassen wollten, und jenen, die schon in der dritten und vierten Generation in Britannien lebten – und für wie lange er die Beutezüge der Feinde im Westen und Norden ver-

eiteln konnte. Eine genaue Datierung jenes Zeitpunkts, an dem
seine Feldzüge ihren Höhepunkt fanden, ist aufgrund der
wenig präzisen Angaben damaliger Chronisten nicht möglich.
Wir haben keine Anhaltspunkte, die uns über die Dauer von
Artus' blutigem und kräftezehrenden Abwehrkampf Auskunft
geben können. Vermutlich handelt es sich um einen Zeitraum
zwischen 15 und annähernd 30 Jahren. Wir können allerdings
davon ausgehen, daß er Jahr für Jahr, sobald es Frühling wurde,
mit seiner kleinen Armee durchs Land zog, hauptsächlich
durch den Osten Britanniens, und die kriegerische „Saison" bis
zum Herbst fast ausschließlich im Sattel verbrachte. Jedem Versuch angelsächsischer Siedler, neues Land zu erobern, mußte
unverzüglich entgegengetreten werden. Bei diesen militärischen Blitzaktionen gab es für die Truppe kaum Aussicht auf
festes Quartier. Gefangene wurden wohl nicht gemacht. Die
Briten empfanden tiefen Haß gegen die Männer, die sie als
Landdiebe und Barbaren betrachteten. Zweifellos gab es in vielen Schlachten Überlebende, die sich aufs Meer hinaus retten
konnten. Doch welches Ziel steuerten sie dann an? Wohin
konnten sie sich überhaupt wenden? Wenn sie über die See
zurückkehrten und versuchten, auf dem Kontinent neue Siedlungen zu gründen, wurden sie in Chlodwigs Frankenreich als
Eindringlinge empfangen. Der Rückweg in ihre ursprüngliche
Heimat war ihnen ebenfalls versperrt. Ein Volk entschließt sich
nur unter extremem Druck zur Auswanderung, und welche
Gründe auch für die Migration der Angelsachsen vorlagen – sie
müssen zu Artus' Zeit noch Bestand gehabt haben. Aus Britannien zurückkehrende, militärisch gescheiterte Krieger konnten
daher keinesfalls damit rechnen, mit offenen Armen willkommen geheißen zu werden.

Trotz der großen Erfolge seiner Militäraktionen war Artus
mit seinen – zahlenmäßig beschränkten – Truppen nicht in der
Lage, in die Sachsengebiete selbst einzudringen. Inmitten einer
feindselig gesonnenen Bevölkerung wäre ein Reiterheer, das
einer sicheren Ausgangsbasis für seine Operationen bedurfte,
verloren gewesen. Artus' Fußtruppen hingegen reichten für
einen entscheidenden Schlag gegen die ausgezeichneten germanischen Krieger, die darüber hinaus ihre Siedlungen auf
vertrautem Terrain verteidigen konnten, nicht aus. Zusätzlich
behinderten Wälder und Sumpfland mögliche Operationen der
Briten. Vielleicht war sich Artus aber bewußt, daß die Sachsen

ohnehin gezwungen waren, ihn eines Tages anzugreifen. Der Druck auf die gegnerischen Siedlungsgebiete, den er und Ambrosius durch deren militärische Einschnürung über Jahrzehnte aufrechterhalten hatten, mußte dazu führen, daß die Angelsachsen entweder verhungerten oder versuchten, doch noch neues Land zu erobern. 100 Jahre später hätten die Siedler aufgrund der veränderten politischen Bedingungen auf dem Kontinent die Möglichkeit der Rückwanderung gehabt, doch zu Artus' Zeit bot sich den Angelsachsen nur die Alternative zu verhungern oder anzugreifen. So kam es zur entscheidenden Auseinandersetzung.

Die Große Schlacht

Wir kennen diese Auseinandersetzung unter dem Namen Badon (oder Schlacht beim Berg Badon, d.Ü.). Wir wissen um das blutige Gemetzel, das sich dort abspielte. Wir wissen, wie die Kampfkraft der Angelsachsen für lange Zeit ausgeschaltet wurde. Wir kennen die schweren Verluste der Briten. Aber wir wissen nicht, wann und wo die Schlacht stattfand. In Frage kommen die letzten Jahre des 5. und die ersten 15 Jahre des 6. Jahrhunderts. Es gibt Hinweise auf einen Schauplatz in Wiltshire, nicht weit vom heutigen Swindon entfernt; Indizien sprechen aber auch für ein Schlachtfeld in der Nähe von Bath. Die Vertreter der Swindon-Theorie berufen sich auf Überlieferungen eines vereinten Angriffs der Angeln und Sachsen unter Führung des Königs der südlichen Sachsen, Aelle. Um nicht isoliert und aufgerieben zu werden, mußten sich die Krieger aus Sussex bei einem Ausbruch nach Norden möglichst schnell mit den aus Kent nach Westen vordringenden Ostsachsen vereinigen. Es lag im Interesse beider Gruppen, ihre militärische Schlagkraft – und ihre Erfolgsaussichten – zu vergrößern, indem sie die Angeln in ihre Angriffspläne mit einbezogen. Diese hätten ihre sicheren Stellungen wohl kaum verlassen, wäre die Aussicht auf eine gewaltsame Beendigung des britischen Drucks, der besonders auf ihren übervölkerten Siedlungsgebieten an der mittleren Ostküste lastete, für sie nicht überaus verlockend gewesen. Es zeichnet sich somit das Bild eines dreifachen Ausbruchs der Angelsachsen aus ihren Siedlungsgebieten ab. Ihr Vorstoß war aus verschiedenen Richtungen auf einen einzigen Punkt gerichtet, an dem sie ein großes Heer versammeln und über die Briten herfallen konnten, deren Strategie es seit Generationen gewesen war, die Gegner in ihren jeweiligen Siedlungsgebieten festzuhalten und so zu isolieren.

Zudem spricht noch ein anderer Grund für Swindon. Es handelt sich um das Auftreten eines weiteren Kontrahenten der Briten, dessen Erscheinen im Feld die Wahl des Schlachtfelds im nördlichen Wiltshire nahelegt. In der auf Artus folgenden Epoche finden sich auf der Karte Britanniens – bzw. Englands – eine Handvoll angelsächsicher Königreiche, unter ihnen Wessex, das Reich der westlichen Sachsen, das sich von der Gegend um Winchester her ausdehnte. Der Überlieferung nach wurde es von einem Krieger namens Cerdic gegründet, und zwar Ende des 5. oder Anfang des 6. Jahrhunderts. Die Situation scheint klar. Verwirrung stiftet jedoch der Namen des Gründers. Es handelt sich dabei nicht um einen germanischen Namen (wie etwa Aelle, Hengist usw.), sondern um einen Namen keltischen, möglicherweise irischen Ursprungs. Wir können daraus zwei mögliche Schlüsse ziehen. Entweder erwuchs in Wessex der kollektiven politischen – und militärischen – Führung der Briten Widerstand durch einen Fürsten aus ihrer Mitte, oder es handelte sich um einen Militärputsch unter Führung eines regionalen Befehlshabers, der auch über germanische Söldnertruppen gebot. Im ersten Fall wäre von einem rebellischen Regionalherrn zu erwarten, daß er vor allem Schutzmaßnahmen gegen seine ehemaligen Bündnisgenossen ergreift. Im zweiten Fall müßte ein Usurpator aus den Rängen des Heeres versuchen, Artus, den obersten Militärbefehlshaber, mit allen Mitteln von sich fernzuhalten. Ob König oder Usurpator, vom logischen Standpunkt her war es von Cerdic äußerst gewagt, mit den Angelsachsen ein Bündnis einzugehen, um die Macht der Briten zu brechen. Politik und Logik scheinen sich jedoch zu allen Zeiten des öfteren auszuschließen. Mitunter folgen die Entscheidungsträger nur kurzsichtigen, persönlichen Motiven. Deshalb erscheint es uns durchaus möglich, daß sich Cerdic an dem dreifachen angelsächsischen Angriff auf Artus beteiligte.

Eine Untersuchung des römischen Straßennetzes und der alten, aus prähistorischer Zeit stammenden Pfade legt ein Treffen der vier Heeresgruppen, der Sachsen aus Kent und Sussex, der Angeln und der Krieger Cerdics, südlich von Swindon nahe. Dort beherrscht eine prähistorische Hügelfestung das Gelände. Die Männer aus Kent mußten britische Garnisonstruppen umgehen, die zwischen ihrem Siedlungsgebiet und der Heimat der Angeln stationiert waren, und folgten wohl der Straße nach Silchester – einem wichtigen Knotenpunkt im Straßensystem, wo sie auf die Krieger aus Sussex trafen, die direkt nach Norden marschiert waren, um gemeinsam mit ihren Verbündeten den Weg nach Westen einzuschlagen. Cerdic folgte vermutlich der Straße von Winchester nach Cirencester in nördlicher Richtung und stieß südlich von Swindon auf die Sachsen, wo der Ridgeway, ein Heerpfad aus vor-römischer Zeit, dem die Angeln nach Westen folgten, die Römerstraßen kreuzte.

Es muß im Interesse der Angelsachsen gelegen haben, Artus' Wachsamkeit zu zerstreuen, bevor sie den großen Vorstoß wagten. Vielleicht führten sie zu diesem Zweck in Abstimmung mit den Pikten oder gar mit unzufriedenen Briten Scheinangriffe durch. Ob Artus sich ablenken ließ, können wir nicht mit Bestimmtheit sagen, doch die Tatsache, daß die Angelsachsen so weit nach Westen gelangen konnten, spricht dafür. Es könnte auch sein, daß Artus seine Feinde in Erwartung der alles entscheidenden Schlacht tief in sein eigenes Territorium eindringen ließ, um sie auf einem Schlachtfeld seiner Wahl, weit entfernt von ihren Siedlungsgebieten, zu stellen. Warum jedoch sollten Cerdic und die Angelsachsen so weit im Süden zusammentreffen? Warum wählten sie kein zentraler gelegenes Schlachtfeld auf einem Gelände, daß die Beweglichkeit der britischen Reiterei einschränkte, etwa in den bewaldeten Regionen der englischen Midlands?

Die Antwort lautet wie folgt: Egal, ob in Caerleon oder an anderer Stelle befindlich, Artus' Hauptquartier lag mit Sicherheit in der Tiefe seines Territoriums und in der Nähe des Straßennetzes. Die Angelsachsen mußten ihre Kräfte so schnell wie möglich vereinigen, bevor Artus intervenieren konnte, und ihn dann zur Schlacht zwingen. Das sicherste Mittel zu diesem Zweck stellte ein Angriff auf das zentrale britische Machtgebiet dar: auf die Cotswolds, Wiltshire und Dorset. Dadurch wurde auch Artus' eigene Festung bedroht, wo sich die Familien seiner Krieger – möglicherweise gar seine eigene – befanden. Als Heerführer hätte Artus aus strategischen Gründen zwar darüber hinweggehen können und vielleicht gar sein Hauptquartier geopfert, um die gegnerischen Verbindungslinien zu durchbrechen oder die Sachsen auf das Schlachtfeld seiner Wahl zu locken. Als Politiker fürchtete Artus jedoch, seine Auftraggeber könnten bei einer Bedrohung ihrer Territorien die finanzielle und materielle Unterstützung einstellen, auf die er angewiesen war. Als Soldat kannte Artus zudem die für seine Krieger demoralisierende Wirkung eines Befehls, der verlangte, die Sicherheit der eigenen Familien aufs Spiel zu setzen. Aelle und seine Verbündeten hatten all dies zweifellos in Betracht gezogen und darauf gebaut, daß ein schneller Vorstoß ins britische Kerngebiet – in Richtung Caerleon – Artus zur Schlacht zwingen würde. Sie bekamen ihre Schlacht.

Die Argumente, die für die Gegend von Bath als Austragungsort dieser Auseinandersetzung sprechen, beruhen auf – viel später verfaßten – schriftlichen Quellen und der Ähnlichkeit der Namen Badonis und Bath. Die territoriale Übereinstimmung beider Orte – allein aufgrund des ähnlichen Klangs ihrer Namen – ist jedoch mehr als ungewiß. Wenn die Schlacht in der Nähe von Bath erfolgte, heißt das, daß die Sachsen tief in britisches Gebiet eindringen konnten oder aufgrund Artus' taktischer Planungen durften. In diesem Fall stellt sich jedoch die Frage nach dem Angriffsziel der Sachsen. Bath selbst hatte kaum strategischen Wert; um als Artus' Basis zu dienen, fehlten ihm die nötigen Befestigungsanlagen. Es gibt lediglich zwei mögliche Erklärungen für das Erscheinen eines angelsächsischen Heeres in dieser Gegend. Entweder war es ursprünglich auf ein anderes Ziel, beispielsweise Caerleon, marschiert und von Verteidigern nach Süden abgedrängt worden, bevor es zur Schlacht kam, oder die Sachsen waren über den Seeweg in diese Region gekommen, um einen entscheidenden Schlag gegen das britische Kernland zu führen. Es ist allerdings äußerst fraglich, ob eine See-Land-Operation im erforderlichen Ausmaß im Bereich der angelsächsischen Möglichkeiten lag.

Unabhängig davon, ob sich Sachsen und Briten bei Bath oder bei Swindon begegneten, entscheidend ist, daß die jahrelangen Auseinandersetzungen zwischen beiden Volksgruppen irgendwo im Südwesten der Insel in einem blutigen Aufeinandertreffen gipfelten. Mit Sicherheit hatte Artus diesen Tag schon jahrelang vorbereitet und führte das größtmögliche britische Heer in das Hügelland des Südwestens. Den britischen

Anführern machte er klar, daß die Schlacht ihres Lebens bevorstand. Sie hatten die einmalige Gelegenheit, die angelsächsische Streitmacht mit einem Schlag zu vernichten und die Landräuber von den britischen Küsten zu vertreiben. Ein Irrtum Vortigerns hatte diese „Wilden" auf römisches Gebiet geführt, was zu großem Leid unter der römisch-britischen Bevölkerung geführt hatte, doch jetzt konnte alles wieder gutgemacht werden. Ein gewaltiger Kampf entbrannte. Beide Seiten erlitten schreckliche Verluste. Am Ende traten die Angelsachsen den Rückzug an.

Die Teilung Britanniens

Der Sieg von Badon wurde teuer erkauft. Die Angelsachsen hatten alles auf eine Karte gesetzt und mit dem Mut der Verzweiflung gekämpft. Artus' Heer mußte so schwere Schläge einstecken, daß die Verfolgung des Feindes recht zurückhaltend ausfiel. Als die Hauptmacht der britischen Armee den Feind endlich erreichte, mußte sie feststellen, daß sie zu schwach war, um die Angelegenheit zu Ende zu bringen. Die Briten konnten weder die gegnerischen Siedlungen überrennen noch den verhaßten Feind ins Meer treiben. Sie mußten sich nun damit abfinden, Seite an Seite mit den Eindringlingen leben zu müssen. Es folgte entweder ein förmliches Abkommen, daß die Grenzen der Siedlungsgebiete festlegte, oder – was wahrscheinlicher ist – ein stillschweigendes Einverständnis beider Seiten über den Status quo, der weder Frieden noch Krieg bedeutete.

Archäologische Funde weisen darauf hin, daß sich die Angelsachsen weit in ihre Territorien zurückzogen und Siedlungen an ihren Grenzen aufgaben. Nach dem Gemetzel von Badon gab es möglicherweise wieder freies Land innerhalb ihrer Siedlungsbereiche. Eine unsichtbare Mauer wuchs fortan zwischen den Briten und ihren unwillkommenen Nachbarn empor. Es gab keinen sozialen Austausch, keinen Handel, nichts. Nicht einmal die christlichen Missionare, die sich von allen Menschen sonst am wenigsten abschrecken ließen, wechselten in den sächsischen Herrschaftsbereich hinüber, um Heiden zu bekehren. Wir wissen, daß die britische Bevölkerung zu dieser Zeit von einer Pestepidemie heimgesucht wurde, die über die Handelswege in den Süden und Westen des

Landes gelangte, die Sachsen jedoch verschonte. Es scheint, daß nicht einmal diese furchtbare Krankheit die Grenze zu den Angelsachsen überschritt.

Pax Arthuriana

In einigen walisischen Legenden tritt Artus als „Imperator", als „Kaiser" auf. Es handelt sich dabei wohl um ein typisches Beispiel sagenhafter Übertreibung, könnte jedoch auch einen Hinweis darauf geben, daß sich die britischen Soldaten der Artus-Epoche auf ihr römisches Erbe besannen. *Imperator* ist ursprünglich jener Titel, mit dem der siegreiche Befehlshaber von der Legion begrüßt wurde. Möglicherweise war dies der Kriegsschrei der britischen Truppen auf dem Schlachtfeld von Badon. Vielleicht spiegelt sich in den walisischen Quellen aber auch einfach die Aura des Mannes wider, der die führende Figur der letzten Jahrzehnte des römischen Britannien war. Die Briten erlebten jedenfalls eine letzte Phase der Ruhe und des Friedens. Ohne Bedrohung durch Feinde von außen lebten die britischen Regionalherrscher auf ihren Gütern und regierten ihre Untertanen, wie sie es von den Römern gelernt hatten. Kein politisches System ist indes ohne Schwachstellen, und ein „Goldenes Zeitalter" existiert per se nicht – in der Regel glorifizieren erst die Menschen späterer Zeitalter eine Epoche und belegen sie mit derartigen Attributen. Es gab in Britannien weiterhin Machtmißbrauch und Ungerechtigkeit, doch die heranwachsende Generation – vor allem aber die auf sie folgende – blickte gerne auf eine Zeit zurück, die im Vergleich mit den späteren Zuständen herrlich erscheinen mußte.

Artus' Armee wurde nach der Schlacht von Badon vermutlich aufgelöst: Die britischen Herrscher hatten ihre Kosten lange genug getragen und konnten nun mit allem Recht behaupten, die Gefahr durch die fremden Siedler sei gebannt. Vielleicht hielt Artus eine kleine Streitmacht aufrecht, die im Fall unvorhergesehener Feindseligkeiten als Kern eines britischen Heeres fungieren konnte, doch zog er nicht mehr an der Spitze seiner Truppen durch Britannien, um Freunde und Feinde gleichermaßen einzuschüchtern. Gewiß hatte er mit zunehmendem Alter auch immer weniger das Bedürfnis danach. Sein Ansehen war jedoch so hoch, daß seine Anwesenheit allein ausreichte, mögliche Friedensbrecher unter Kontrolle zu halten. Außerdem waren die meisten der britischen Regenten Männer, die über Jahre hinweg an seiner Seite gekämpft und Entbehrungen ertragen hatten und weise genug waren, den Frieden, die große Errungenschaft ihrer Bemühungen, zu schätzen. Sie würden ihn kaum gefährden.

Dieses System, ein auf persönlichen Beziehungen und gegenseitiger Kontrolle beruhendes Gleichgewicht der Kräfte, ermöglichte eine letzte Blüte des römischen Britannien nach fast einem Jahrhundert voller Krieg und Chaos. Solche Blütezeiten tragen jedoch in der Regel die Keime ihres Verfalls schon in sich.

Tod

Könige und Fürsten sterben wie jeder andere Mensch auch. Es kommt in der Geschichte nur selten vor, daß auf fähige Eltern ein ihnen würdiger Erbe folgt. Dies ist die größte Schwäche des Prinzips der Erbnachfolge. Die Männer, die an Artus' Seite kämpften, starben irgendwann, und ihre Nachfolger traten das Erbe an. Viele von ihnen waren junge Männer, die nicht länger bereit waren, die Geschichten der Alten von ihren und des großen Artus Feldzügen gegen die wilden Stammeskrieger anhören zu müssen. Wer waren denn schon diese Feinde? Barbaren, die sich in ihren Siedlungsgebieten versteckten und für niemanden eine Bedrohung darstellten. Die neue Herrschergeneration verfügte über Armeen und über viel Ehrgeiz. Warum sollte sie nicht versuchen, ihr ererbtes Territorium auszuweiten? Warum sollten die Jungen ihre Macht nicht so lange vergrößern, bis sie selbst zu großen Herrschern wurden?

Nun, ein Grund, sie zurückzuhalten, war dieser graue, alte Kriegsveteran, der herumstreifte, um sicherzustellen, daß alle Herrscher sich mit ihrem Territorium beschieden, der ausschließlich um den Frieden besorgt war, den er ständig im Mund führte und der sein ganzes Leben auszumachen schien. Noch schlimmer muß für die jungen Fürsten der Gedanke gewesen sein, daß sich möglicherweise schon ein Nachfolger bereithielt, Artus' Rolle und Funktion in der britischen Gesellschaft zu übernehmen. Wir wissen darüber nichts Genaueres, doch es ist gut möglich, daß Artus den Briten für die Zeit nach

seinem Rücktritt bzw. Tod einen neuen Heerführer hinterlassen
wollte. Vielleicht dachte er an die Schaffung einer Institution,
die eine Wiederholung jener politischen – und militärischen –
Katastrophen des letzten Jahrhunderts verhindern sollte, deren
Auswirkungen erst durch die Schlacht von Badon beseitigt
werden konnten. Trug er sich tatsächlich mit solchen Plänen,
hatte er die Rechnung ohne die junge Generation gemacht.
Falls er etwas Derartiges nicht beabsichtigte, diente der Schlag,
den die britischen Regenten ihm versetzten, lediglich dazu,
sich von dem Mann zu befreien, der ihren ehrgeizigen Plänen
entgegenstand.

Was wirklich geschah, ist uns nicht bekannt. Wir wissen, daß
Artus in der Schlacht von Camlann getötet wurde. Seine Gegner waren nicht die Sachsen: Entweder waren es Briten, Mitglieder seines eigenen Volks, oder andere Feinde wie etwa die
Pikten. Der Schauplatz von Camlann ist unbekannt und noch
schwerer zu ermitteln als Badon. Zwischen Cornwall im Süden und Cumbria im Norden gibt es viele Orte, die dafür in
Betracht kommen. Jedenfalls war Artus tot. Innerhalb von
wenigen Jahrzehnten zerfiel alles, was er erreicht hatte.

3. Das Ende des Dunklen Zeitalters

Der Aufstieg der Angelsachsen

Die Bevölkerungsdichte der in ihren alten Territorien isolierten Angelsachsen begann wieder anzusteigen, doch unternahmen die Siedler – trotz erneuter Landknappheit – vorerst keine weiteren Versuche, aus ihren Enklaven auszubrechen. Die Wunden, die der lange und blutige Krieg gegen die Briten unter Artus geschlagen hatte, schmerzten wohl noch immer. Es gibt vielmehr Hinweise für eine Rückwanderung angelsächsischer Siedler auf das europäische Festland. Die Frankenkönige setzten unter anderem Siedler aus England ein, um die Kontrolle über ihre germanischen Territorien zu festigen.

Unter einigen Historikern herrscht allerdings die Auffassung vor, die Angelsachsen hätten ihren Herrschaftsbereich an der Ostküste allmählich erweitert und Schritt für Schritt die Gebiete an der britisch-sächsischen Grenze unter ihre Kontrolle gebracht. Eine – unfreiwillige – Beschränkung der Sachsen auf ihren Siedlungsbereich, verbunden mit einer Rückwanderung der überzähligen Bevölkerung, wird von den Vertretern dieser Denkrichtung nicht für wahrscheinlich gehalten. Diese Theorie stützt sich jedoch allein auf eine zeitgenössische schriftliche Quelle, die im Widerspruch zu archäologischen Erkenntnissen steht. Ausgrabungen und weitere Schriftquellen legen nämlich nahe, daß die Angelsachsen allmählich entdeckten, wie durchlässig der scheinbar unüberwindliche britische Sperrgürtel um ihre Territorien geworden war. Vermutlich überschritten sie die Grenze erst zögernd, einen Erfolg zwar erhoffend, aber nicht erwartend, und stellten überrascht fest, daß offenes, unbewachtes Land vor ihnen lag. Die britischen Fürsten, zu deren Aufgaben Beaufsichtigung und Schutz des britisch-sächsischen Grenzstreifens gehörten, waren viel zu sehr damit beschäftigt, sich gegenseitig zu bekämpfen, als daß sie das Wiedererstehen der alten Bedrohung durch die Siedler wahrgenommen hätten. Es gab keinen ihnen übergeordneten oder zumindest unabhängigen Feldherrn mehr, der sie zur Vernunft hätte rufen können, niemanden, der seine wachsamen

Augen auf die Grenze gerichtet hielt, um vor eindringenden Räubern zu warnen. Außerdem waren die Angelsachsen nicht mehr darauf angewiesen, mit vereinten Kräften anzugreifen, denn es gab niemanden mehr, der alle britischen Streitkräfte um sich scharen und sich ihnen entgegenstellen konnte.

Kriegerische Horden brachen schon bald aus den sächsischen Königreichen von Kent, Sussex und Wessex hervor, um neues Land zu erobern. Siedler aus East Anglia erschlossen neue Gebiete. Im Norden entstanden angelsächsische Siedlungen in Regionen, die bisher kein germanischer Krieger zu betreten gewagt hatte. Die Briten antworteten auf diese bedrohlichen Entwicklungen nur mit vereinzelten, unentschlossenen und letztendlich wirkungslosen Maßnahmen. Innerhalb weniger Jahrzehnte wurde aus dem östlichen Britannien auf diese Weise England, das Land der Angeln und Sachsen.

Die Kelten auf dem Rückzug

Nur im Norden stemmten sich britische Fürsten gegen die hereinflutenden angelsächsischen Eroberer. Ein kühner Versuch, die Gegner aus ihren neuen Siedlungen zu vertreiben, wäre um ein Haar vom Erfolg gekrönt worden, wäre der betreffende britische König, bereits im Angesicht seines Sieges, nicht von Mitgliedern seiner eigenen Familie ermordet worden. Mit ihm starb die letzte wirkliche Chance, den Norden von den Angelsachsen zu befreien; die Briten befanden sich fortan auf dem Rückzug. Ein Teil der britischen Bevölkerung suchte sein Heil in der Emigration. Tausende setzten über den Kanal in die Bretagne über und nahmen die Erinnerung an einen Heerführer mit sich, der einen grausamen Feind geschlagen hatte, einen Feind, den sie mit den Mächten der Finsternis gleichsetzten. Die Überlieferungen von Artus und seinen Feldzügen wurde immer weiter ausgeschmückt. Die Legende eines Mannes entstand, der in der Welt des Mittelalters zum Inbegriff des Rittertums wurde.

Die in Britannien verbliebenen Kelten wurden Fremde im eigenen Land. Die Sachsen nannten sie denn auch *Wealas*, das heißt Fremde. Von dieser Bezeichnung wurden die deutschen Ausdrücke Waliser bzw. walisisch abgeleitet, das den keltischen Briten verbleibende Randgebiet im Westen der Insel wurde zu

Wales. In der ersten Phase der angelsächsischen Besiedlung Britanniens flohen die einheimischen Briten, denn ihre Angreifer waren – wohl zurecht – für ihre Grausamkeit berüchtigt. Während der zweiten Eroberungsphase reduzierte sich jedoch der Umfang der britischen Auswanderungsbewegung – bis auf die oben genannte letzte große Migrationswelle in Richtung Bretagne – beträchtlich. Die verbliebenen Briten wurden besiegt und versklavt oder zu Freisassen zweiter Klasse herabgestuft. Allmählich verwischten sich die ethnischen Grenzen zwischen Eroberern und Besiegten; die britische Sprache verschwand – bis auf vereinzelte Ortsnamen in einigen Regionen – aus den Territorien der sich herausbildenden englischen Königreiche.

Nur im äußersten Südwesten und in Wales, für einige Zeit auch in der Gegend des heutigen Südwest-Schottland, konnten sich die Briten ihre Sprache und eine unabhängige keltisch-britische Identität erhalten. Die römisch-britische Kultur hatte sich zuvor aber gerade in diesen Bereichen am wenigsten durchsetzen können und fand dort nicht die Basis, die für ihr Weiterbestehen erforderlich gewesen wäre. Es ist eine Ironie der Geschichte, daß ausgerechnet in den Regionen, die sich Rom und seiner Kultur am stärksten widersetzt hatten, die Erinnerung an einen Mann bewahrt wurde, dessen Leben dem Erhalt der nun verlorenen römisch-britischen Lebensweise gewidmet war. Für die Bevölkerung dieser Gebiete wurde Artus zu dem, was sie am meisten bewunderten: ein britischer Stammesführer, das Musterbeispiel eines keltischen Kriegerhäuptlings. In dieser Erscheinungsform überlebte Artus in ihrer Sagenwelt. Da die römische Kultur für die Träger des Artus-Erbes ihre Bedeutung verloren hatte, gerieten das Wesen seines Anliegens und die eigentlichen Grundlagen seines Ruhms in Vergessenheit.

Es gehört zu den Launen der Geschichte, daß die den Legenden zugrundeliegende historische Realität im Gedächtnis der Menschen allmählich ausgelöscht wurde. Diese Tatsache trägt entscheidend zur Faszination des Artus-Stoffes bei. Unser mythisch verklärtes Bild von Artus und seiner Welt kann wesentlich größere Anziehungskraft entwickeln als eine bloße Rekonstruktion historischer Fakten.

II. Die Artus-Sagen

Einleitung

Die Suche nach dem historischen Artus kann für uns zu einem aufregenden Erlebnis werden und unseren Wissenshorizont erweitern. Wenn wir aber den Bereich der historischen bzw. archäologischen Fakten verlassen, uns ins Zwielicht der Sagenwelt begeben und die kulturelle Bedeutung der Artus-Figur untersuchen, werden wir feststellen, daß diese paradoxerweise an Schärfe und archetypischer Tiefe gewinnt, indem sie von einer Reihe außergewöhnlicher Autoren aufgegriffen, bearbeitet und nachfolgenden Generationen in veränderter Gestalt hinterlassen wird. Die verschiedenen Ebenen der Artus-Sagen gleichen archäologischen Schichten. Wir können ihnen Informationen über die einander folgenden Kulturen entnehmen, die bei der Überlieferung des Sagenstoffs ihre Spuren hinterlassen haben. Wie beim Auswerten archäologischer Funde ist eine gewisse Kenntnis der jeweiligen Kultur nötig, um unsere Entdeckungen in einen Kontext stellen und ihre Bedeutung einschätzen zu können.

So sieht es Aristoteles:

> Dichtung [ist] etwas Philosophischeres und Ernsthafteres als Geschichtsschreibung, denn die Dichtung teilt mehr das Allgemeine, die Geschichtsschreibung hingegen das Besondere mit.
> *(Poetik, Kap. 9)*

Aristoteles' Kommentar kann die Ansicht vieler Geschichtsforscher, ein Studium der Artus-Figur sei aufgrund ihrer nicht beweisbaren historischen Existenz irrelevant, korrigieren. Ob es einen Artus gab oder nicht (viele Indizien sprechen ja dafür, daß er wirklich gelebt hat) – die weite Verbreitung der Artus-Sagen, ihre unzähligen Neubearbeitungen und ihre bis in die Gegenwart reichende Wirkungsgeschichte legen nahe, daß wir beim Untersuchen des Sagenmaterials „universelle Wahrheiten" entdecken können. In diesem Abschnitt des Buchs wollen wir daher versuchen, der sich ständig wandelnden mythischen und kulturellen Bedeutung der Artus-Figur in der Literatur nachzuspüren. Wir werden sehen, wie die Sagen in den Ländern und Gesellschaften, die sie durchlaufen, zum Auslöser, Träger und Abbild des kulturellen Wandels werden. Von den frühesten walisischen Quellen mit ihren keltisch-mythologischen Untertönen bis zu John Ardens antiimperialistischem Stück „The Island Of The Mighty" von 1970 und Marion Zimmer Bradleys feministischem Roman „Die Nebel von Avalon" aus dem Jahr 1980, in der Bearbeitung von Klerikern, Laien, Dichtern, Romanciers und Dramatikern verschiedener Länder, Kulturen und Sprachen haben sich die Artus-Sagen als ungeheuer lebendig, vielseitig und anpassungsfähig erwiesen. Jede Epoche zeichnete das Bild von Artus und seinen „Rittern" den jeweils herrschenden Vorstellungen entsprechend neu. Durch den großen Eindruck, den die Sagen hinterließen und durch ihre Verankerung im kulturellen Gedächtnis ihrer Zeit wurde allerdings eine gewisse Kontinuität der Überlieferung gewährleistet.

Artus als Anführer, Krieger, Held, Liebhaber und Verteidiger der Briten gegen die eindringenden Angelsachsen spielte bereits in der frühen keltischen Literatur und in den mündlich überlieferten Märchen und Sagen aus Wales, Cornwall und der Bretagne eine tragende Rolle. Im 12. Jahrhundert war Artus zu einer gesamteuropäischen Sagengestalt geworden, die Artus-Figur beherrschte als Motiv Literatur und Kunst des Kontinents. Ritterlichkeits- und höfischer Liebeskult, aber auch esoterische Mysterien wie die des Heiligen Grals fanden in den Überlieferungen von Artus und seinem Hof zentrale Anknüpfungspunkte. Und schon zu gleicher Zeit spürten Geschichtsschreiber wie Wilhelm von Malmesbury, Caradoc von Llancarfon und Gerald von Wales (Giraldus Cambrensis) den historischen Wurzeln des Sagenkönigs, den den Legenden und Überlieferungen zugrundeliegenden Fakten nach.

Die beträchtlichen Errungenschaften des historischen Artus sind möglicherweise mit für die Verbreitung und Bedeutung des Artus-Mythos verantwortlich. Die Wirkungskraft und Wandlungsfähigkeit der Artus-Sagen beruht jedoch vor allem darauf, daß dort von Beginn an kultisch-religiöse Elemente der keltischen Welt absorbiert wurden, darunter Motive wie beispielsweise das Geheimnis um Geburt und Abstammung des Königs, das Schwert im Stein, die auftretenden Wassergottheiten (die Damen vom See), der Kessel der Unsterblichkeit, die Anders- oder Jenseitswelt und vor allem die Rückkehr aus dem Totenreich. Die messianische Natur dieses keltisch-mythischen Artus ließ den Legenden um ihn im Leben der Völker bis hin zu Heinrich VII. und seinem Sohn, Heinrich VIII., politische Bedeutung zuwachsen. Die beiden Tudors beauftragten den Altertumsforscher John Leland, Polydore Vergils These vom unhistorischen, rein mythologischen Artus zu widerlegen, um sich bei der Legitimation ihrer politischen Ambitionen weiterhin auf den legendären König berufen zu können.

Das Material der Artus-Legenden hat viele große Autoren der europäischen Kultur angeregt – Taliesin, Geoffrey von Monmouth, Wace, Chretien de Troyes, Gottfried von Straßburg, Wolfram von Eschenbach, Geoffrey Chaucer, den anonymen Dichter des „Gawain" ebenso wie Thomas Malory, Edmund Spenser, Alfred Tennyson, Thomas Hardy, T.S. Eliot und John Arden. Die ältesten Artus-Überlieferungen finden sich, wie zu erwarten, in den keltischen Gebieten von Wales, Cornwall, der Bretagne sowie in geringerem Ausmaß im nordwestenglischen Kumbrien und in Teilen Schottlands. Seinen Weg in die englische Kultur fand Artus über den Adel und die gebildeten Bevölkerungsschichten. Englische Überlieferungen entstanden – mit Ausnahme der kornischen Legenden und der Sagen aus der Gegend von South Cadbury – erst später und griffen in der Regel auf die bereits existierende Artus-Literatur zurück, vor allem auf die einflußreichen Werke von Malory und Tennyson. Möglicherweise wurde Artus erst durch Tennysons – im 19. Jahrhundert höchst populäre – „Königsidyllen" zum gemeinsamen Helden keltischer und englischer Briten aller Klassen. Der folgende Abschnitt des Buches behandelt die Geschichte dieser faszinierenden Entwicklung.

4. Die mittelalterlichen Artus-Quellen aus Wales

Alles spricht dafür, daß der historische Artus ein römisch-britischer Heerführer aus dem Westen der ehemaligen römischen Provinz Britannien war, der die Angelsachsen sowie ihre piktischen und irischen Verbündeten bekämpfte. Entsprechend muß man die ältesten Artus-Überlieferungen im Bereich der römisch-keltischen Kultur suchen, die sich nach dem Zusammenbruch des römischen Britannien herausgebildet hatte. Hinweise auf Artus finden sich in der keltischen Literatur sowie in den Sagen und Legenden aus Wales, Cornwall und der Bretagne. Viele Orte in England und in den keltischen Randbereichen des heutigen Britannien werden so mit Artus und den Gestalten seiner Welt in Verbindung gebracht. Artus' Feinde, die Angelsachsen, hatten hingegen wohl kaum ein Interesse daran, seinen Namen oder seine Taten zu verewigen. Auf angelsächsischer Seite findet sich kein Verweis auf den britischen Sieg beim Berg Badon, obwohl in einer altwalisischen Chronik, der „Annales Cambriae" genannten Kopie eines klösterlichen Osterkalenders aus der Mitte des 10. Jahrhunderts, eine „zweite" Schlacht von Badon erwähnt wird, aus der die Angelsachsen als Sieger hervorgegangen seien. Bezeichnenderweise wird diese Schlacht im Westen Englands angesiedelt.

Man sollte jedoch erwarten, in den (mündlichen) Überlieferungen und Erinnerungen der Kelten im Westen Britanniens auf die Spuren eines Mannes zu stoßen, der die „germanischen Barbaren" auf in ganz Europa unerreichter Weise im Zaum gehalten hatte. Es waren fast ausnahmslos Kleriker, die damals über die nötigen Fertigkeiten im Lesen und Schreiben verfügten. Daher überlebte ein Teil der ursprünglich mündlich tradierten Erzählungen in lateinischen Chroniken und Heiligengeschichten walisischer, bretonischer und kornischer Mönche. Die Entwicklung keltischer Schriftsprachen führte dann zur Niederschrift einer Vielzahl weiterer Artus-Gedichte und -Geschichten.

Die Chroniken

Zwei Mönche sind als Chronisten für uns von besonderem Interesse. Der Heilige Gildas liefert einen fast zeitgenössischen Hinweis auf die Schlacht beim Berg Badon. Der große britische Sieg dort wurde nach Gildas' Angaben im Jahr seiner Geburt, „vor vierundvierzig Jahren", errungen. Gildas' Werk „The Ruin of Britain" entstand um 540 n.Chr., denn die darin angesprochenen Könige Maelgwn von Gwynedd und Konstantin, Artus' Nachfolger, waren bei Niederschrift des Buchs offenbar noch am Leben. In seiner christlich-religiös motivierten Schrift nennt Gildas Artus zwar nicht, erwähnt aber dessen Vorgänger und Nachfolger: Ambrosius und Konstantin, den König von Dumnonia, dessen Reich das Gebiet des heutigen Devon, Cornwall und Teile von Somerset umfaßte. Die Existenz der beiden Regenten gilt aufgrund von Gildas' Ausführungen als gesichert. Indirekt plaziert Gildas Artus also in einer Reihe historischer Herrscher, die darüber hinaus alle im gleichen Sagenmaterial auftreten. Gildas' Hinweis auf die Schlacht beim Berg Badon („Badonici montis") wird allgemein als Beleg dieses Ereignisses anerkannt.

Der zweite Chronist, Nennius, wirkte Anfang des 9. Jahrhunderts und kannte sowohl die Bardenüberlieferungen seiner walisischen Heimat als auch Werke früherer Chronisten wie Gildas und Beda. Nennius sah sich als Geschichtsschreiber, wie das Vorwort einer 828/29 datierenden zweiten Ausgabe seiner später „Select Documents of Early British History" betitelten Dokumentensammlung zeigt:

> Ich, Nennius, Schüler des Heiligen Elbodugus [möglicherweise handelt es sich um Elfodd, Bischof von Bangor von 768 bis ca. 811], habe aufgeschrieben, was die Unwissenheit der Briten sie vergessen ließ; denn die Gelehrten der Insel [Britannien] beherrschen nicht die Kunst, Informationen in Büchern niederzuschreiben. Daher habe ich alles mir erreichbare Wissen zusammengetragen – aus den Annalen der Römer, den Chroniken der Kirchenväter, den Schriften der Iren und der Engländer und aus den Überlieferungen unserer Vorväter.

Nennius liefert umfangreiches biographisches Material über Vortigern. Außerdem finden sich bei ihm zwei Hinweise auf Ambrosius. Einmal wird dieser ein bedeutender Herrscher der Briten genannt. Der zweite Hinweis greift eine Vortigerns Tod betreffende Legende auf – in der von Geoffrey von Monmouth überlieferten Version der Ereignisse sollte später Ambrosius durch Merlin ersetzt werden. Bei Nennius fehlt Gildas' Erwähnung des Ambrosius als Initiator und Anführer des Abwehrkampfs gegen die Sachsen, welcher seinen Höhepunkt in der Schlacht von Badon erreichte. Dafür zählt Nennius Artus' Schlachten auf und nennt Artus ausdrücklich den Sieger von Badon. Es handelt sich bei der betreffenden Passage in Nennius' Werk um den ältesten erhaltenen Bericht über Artus' militärische Karriere:

> Zu dieser Zeit wuchs die Zahl der Angelsachsen, und sie dehnten ihre Herrschaft in Britannien aus. Nach dem Tod des Hengist zog sein Sohn Octa vom Norden Britanniens nach Kent, und von ihm stammen die Könige von Kent ab. Damals kämpfte Artus gegen sie, gemeinsam mit den Königen der Briten; er aber war ihr *dux bellorum* [ihr Anführer in der Schlacht]. Die erste Schlacht war an der Mündung des Flusses Glein. Die zweite, dritte, vierte und fünfte fanden an den Ufern eines anderen Flusses namens Dubglas in der Gegend von Linnuis statt. Die sechste Schlacht wurde bei dem Fluß ausgetragen, den man Bassas nennt. Die siebte Schlacht war im Wald von Celidon, sie wird Cat Coit Celidon genannt. Die achte Schlacht ereignete sich in der Burg von Guinnion. In dieser Schlacht trug Artus das Bild der Heiligen Jungfrau auf seinen Schultern. Durch die Kraft Unseres Herrn Jesus Christus und der Heiligen Jungfrau Maria, seiner Mutter, wurden die Heiden an diesem Tag in die Flucht geschlagen und viele von ihnen im Kampf getötet. Die neunte Schlacht war in der Stadt der Legion. Die zehnte Schlacht wurde an den Ufern des Tribruit genannten Flusses ausgetragen. Die elfte Schlacht fand auf dem Berg namens Agned statt. Die zwölfte Schlacht war die Schlacht am Berg Badon, in der bei einem einzigen Angriff Artus' neunhundertsechzig Mann an einem einzigen Tag den Tod fanden; und kein anderer

Artur's Seat („Artus' Sitz") bei Edinburgh – möglicherweise Schauplatz der von Nennius erwähnten Schlacht von Agned.

als er selbst fällte sie. In all seinen Feldzügen siegte er über seine Feinde.

Dieser Auszug legt nahe, daß Artus eher Heerführer als König und – unseren Erwartungen entsprechend – Christ war. Die heute noch identifizierbaren Schauplätze der Schlachten liegen weit verstreut. Vier davon lassen sich im Raum Lincoln (Lindsey) lokalisieren, wo Ausgrabungen am Tor der römischen Befestigungsanlage tatsächlich auf bewaffnete Auseinandersetzungen zur betreffenden Zeit, vermutlich zwischen Briten und Angelsachsen, schließen lassen. Jüngeres Quellenmaterial spricht von Kämpfen mit den Pikten an den schottischen Schauplätzen. Einige Historiker vertreten jedoch die These, bei den Gegnern im Norden habe es sich um frühe irische Siedler aus der Region Argyll oder um nachfolgende Gruppen der Novanter, Selgover oder Votadiner gehandelt. Die Lage der „Stadt der Legion" (entweder Caerleon oder Chester) spricht eher für Kämpfe gegen die Iren.

Im Abschnitt über „Die Wunder Britanniens" greift Nennius ferner Artus betreffende Volkssagen auf. Er erwähnt einen Stein oder eine Steinpyramide mit einem Fußabdruck von Artus'

Hund (Carn Cafal bei Builth) und das Grab von Artus' Sohn Amr bei einer Quelle in Ergyng. Der Legende nach tötete Artus seinen Sohn und bestattete ihn dort. Das dritte von Nennius in diesem Zusammenhang genannte „Wunder" ist:

> Der Heiße See, an dem sich die Bäder von Badon befinden. Dieser liegt im Land der Hwicce und ist von einer Mauer aus Ziegeln und Steinen umgeben. Man kann dort zu jeder Zeit baden, und jedermann findet das Bad nach seinen Wünschen vor. Wenn man will, kann man ein kaltes Bad nehmen, wenn man es jedoch wünscht, wird das Wasser heiß sein.

Der lateinische Name, den Nennius sowohl dem Austragungsort der Schlacht als auch den heißen Quellen gibt (bei denen es sich eindeutig um die Thermalquellen von Bath handelt, die im ehemaligen Stammesgebiet der Hwicce liegen), lautet „Badonis" und ist Gildas' Bezeichnung „Badonici montis" ähnlich. Dies kann als Hinweis auf Bath als Schauplatz der Schlacht von Badon gewertet werden, die möglicherweise bei der Hügelbefestigung von Little Solsbury ausgetragen wurde. In seiner 1136 entstandenen „History of the Kings of Britain" benennt Geoffrey von Monmouth ebenfalls Bath als Ort der Schlacht. Für die meisten Historiker befindet sich die Stadt jedoch – trotz ihrer strategisch günstigen Nähe zu der als Fosse Way bekannten Heerstraße – zu weit im Westen, um als Schauplatz von Badon in Betracht zu kommen. Man sollte allerdings nicht vergessen, daß nur wenige Schlachten tatsächlich an jenen Orten stattfanden, an denen spätere Militärstrategen sie im Idealfall ausgetragen hätten.

Nennius erwähnt nicht Artus' Tod, aber in den „Annales Cambriae", deren einzelne Angaben schwer zu datieren sind, werden sowohl die Schlacht von Badon als auch Artus' Tod 21 Jahre später in der Schlacht von Camlann aufgeführt: Dort ist die Rede von der „Schlacht von Camlann, in der Artus und Medraut [Medraut ist die walisische Namensform Mordreds] fielen". Die „Annales Cambriae" wurden zwar in Latein verfaßt, aber das walisische Wort für Schlacht, *Gueith*, ist dem Ortsnamen Camlann vorangestellt, was auf eine walisische Quelle der Überlieferung hindeutet. Geoffrey von Monmouth, der seine Informationen einem „gewissen uralten Buch in britischer Sprache" entnahm, verlegt dann später diese Schlacht nach Cornwall, in die Nähe des Flüßchens Camel:

> Artus selbst, unser berühmter König, wurde tödlich verwundet und zur Insel Avalon gebracht, um seine Wunden behandeln zu lassen. Er übergab die Krone Britanniens seinem Cousin Konstantin, dem Sohn Cadors, des Herzogs von Cornwall: Dies geschah im Jahre 542 nach der Geburt Unseres Herrn.

Geoffrey stützt sich auf Überlieferungen der walisischen Dichtung, wo Mordred wie bereits erwähnt Medraut genannt wird. Seinem Bericht zufolge ist Camlann die Entscheidungsschlacht im Bürgerkrieg zwischen Artus' Anhängern und der Partei seines Neffen, des „verfluchten Verräters", der im Bündnis mit den Sachsen Artus' Reich an sich gerissen und mit dessen Königin Ginevra Ehebruch begangen habe. Konstantin ist eine historische Figur, einer der fünf Könige des westlichen Britannien, die von Gildas erwähnt werden und 540 n.Chr., im Jahr der Abfassung von Gildas' Schrift, noch am Leben waren. Aus den Informationen, die uns die walisischen Chroniken bieten, können wir schließen, daß Artus durch das typisch keltische Phänomen des Bürgerkriegs, möglicherweise mit Beteiligung sächsischer Truppen, zu Fall kam. Folgt man Gildas' Datierung für Badon und addiert die in den „Annales Cambriae" erwähnte folgende Zeitspanne von 21 Jahren, so würde sich Artus' Tod um 520 n.Chr. ereignet haben. Dieser Zeitpunkt liegt, dafür sprechen unsere archäologischen Erkenntnisse, lange vor dem erneuten Vorrücken der Sachsen nach Westen. Demnach hätte die Schlacht, in der Artus fiel, keine unmittelbaren Auswirkungen auf die Lage Britanniens gehabt. Von dieser Annahme abweichende Datierungen der „Annales Cambriae" und Geoffrey von Monmouths Angaben sprechen jedoch für einen späteren Zeitpunkt der Schlacht von Camlann. Damit würde sich aber auch das Datum der Schlacht von Badon verschieben, was uns beim Auswerten des Quellenmaterials vor neue Probleme stellen würde. Die Schwierigkeit, die beiden verschiedenen Datierungsweisen in Übereinstimmung zu bringen, stellt somit ein Haupthindernis bei der Suche nach Artus und der Erforschung seiner historischen Rolle dar.

Die Heiligenlegenden

Weitere Hinweise auf Artus finden sich in den von walisischen Mönchen verfaßten Lebensbeschreibungen der keltischen Heiligen. Artus wird in diesen Geschichten als *tyrannus* bezeichnet und spielt eine wenig schmeichelhafte Rolle. Das Wort „Tyrann" bezeichnet seiner ursprünglichen griechischen Bedeutung nach einen absoluten Herrscher bzw. einen Herrscher ohne Verfassungsgrundlage. In diesem Sinn wird es vermutlich auch in den Heiligenvitae gebraucht. Das würde unsere Einschätzung der Position des historischen Artus als der eines Militärbefehlshabers unterstützen. Einer dieser walisischen Heiligen, Illtud, kämpfte in jungen Jahren anscheinend gar in Artus' Heer. Interessanterweise spricht „Das Leben des Heiligen Gildas" auch von Artus als einem *rex rebelliosus*, also einem illegitim zur Macht gelangten Herrscher. Dies legt ebenfalls ein Szenario nahe, in dem Artus Macht, Ruhm und Land eher aufgrund seiner militärischen Fähigkeiten als durch königliche Abstammung gewinnt. Auch die uns in Legenden und frühen schriftlichen Zeugnissen überlieferte Kontroverse über Artus' Abstammung und Geburt könnte in diese Richtung weisen.

Die Legenden zeigen den jeweiligen Heiligen, wie er den Regenten Artus überlistet oder sich gegen diesen behauptet, ohne ihn jedoch entmachten oder dauerhaft schädigen zu wollen. Diese Geschichten weisen auf Artus' frühe Bedeutung als Sagengestalt hin, wobei die Heiligen bemerkenswerterweise ihr Ansehen erwarben, indem sie den Herrscher überlisteten. Möglicherweise spiegeln die Heiligenlegenden eine gewisse Gegnerschaft zwischen Artus und der Kirche wider. Artus erscheint dort indes nie als direkter Opponent der Kirche, denn er gewährte Britannien schließlich Schutz vor den heidnischen Sachsen und vereitelte in Wales vermutlich auch irische Überfälle. Es gibt in den Legenden aber Hinweise auf Auseinandersetzungen, die in der Regel Geld oder Waren betreffen – vielleicht in Erinnerung an eine von Artus auferlegte Besteuerung der Kirche zu Kriegszwecken. Oft geht es in den Heiligenvitae auch um Machtfragen, die ja im Mittelalter stets einen Streitpunkt zwischen Kirche und weltlicher Herrschaft bildeten.

Aus Llancarfan in Glamorgan, dem Zentrum der walisischen Heiligengeschichtsschreibung, stammen fünf Hagiographien, in denen Artus auftritt. Die betreffenden Heiligen lebten ungefähr zu Artus' Zeit, ihre Lebensgeschichte wurde jedoch erst im späten 11. oder 12. Jahrhundert aufgezeichnet. Eine der wohl ältesten Hagiographien ist „Das Leben des Heiligen Cadoc", das einem Verfasser aus dem späten 11. Jahrhundert namens Lifri zugeschrieben wird. Darin erscheint Artus in zwei durch eine ziemlich große Zeitspanne getrennten Episoden. In der ersten Geschichte brennt Gwladys, Cadocs spätere Mutter, mit dem König von Glamorgan durch. Die beiden stoßen auf Artus, der mit seinen – in den walisischen Sagen häufig genannten – engsten Vertrauten, Cai und Bedwyr (später als Kay und Bedivere bekannt), beim Würfelspiel sitzt. Artus wirft nun ein Auge auf Gwladys, wird aber von seinen Gefolgsleuten zurückgehalten, die ihn an die gemeinsame Verpflichtung erinnern, Menschen in Not beizustehen:

> Siehe, drei edle Helden, Artus und seine zwei Gefährten Cai und Bedwyr, saßen auf der Kuppe eines Hügels und würfelten. Als sie des Königs und des Mädchens gewahr wurden, ward Artus' Herz mit Begierde erfüllt. Voll schlechter Gedanken sprach er zu seinen Gefährten: „Ich brenne vor Verlangen nach der Jungfrau, die dieser Krieger auf seinem Pferd mit sich führt." Sie aber antworteten ihm: „Du darfst keine so ungesetzliche Tat begehen; es ist unsere Pflicht, den Menschen in Not und Bedrängnis beizustehen." Artus antwortete: „Wohlan denn, wenn ihr lieber dem Fremden helft, statt mir die Jungfrau zu sichern, geht hin und fragt, wessen Land es ist, auf dem sie kämpfen."

Artus läßt sich schließlich von seinen Freunden überzeugen und unterstützt die Hochzeit von Gwladys mit dem König von Glamorgan gegen den Willen ihres Vaters, König Brychan. Obwohl Artus hier also nicht im besten Licht dargestellt wird, dokumentiert diese Geschichte doch seine Bedeutung. Sie ist zudem als interessantes Beispiel eines frühen ritterlichen Verhaltenskodex zu werten – lange bevor ein solcher in den französischen Artus-Romanen propagiert wurde. In unserem Beispiel geht es um die Verpflichtung, Schwachen und Notleidenden beizustehen – ein faszinierender Bestandteil der Artus-Sagen. Die Szene, in der Artus von seinen Gefährten an seine Pflichten gemahnt werden muß, enthält aber auch durchaus komische Elemente. Hier zeigt Artus nämlich eher das Verhalten eines walisischen Stammesfürsten als das des römisch-britischen Heerführers der Chroniken oder des absoluten Monarchen der französischen Erzählungen.

Im weiteren Verlauf der Vita, viele Jahre später, gibt es einen Zusammenstoß zwischen Artus und Gwladys' Sohn Cadoc, als dieser „einem gewissen Liegessauc" Zuflucht gewährt. Liegessauc wird als „ein sehr tapferer Anführer der Briten" beschrieben, der aber drei von Artus' – „des berühmtesten Königs der Briten" – Kriegern getötet hat. Sieben Jahre lang versteckt sich Liegessauc in Cadocs Kloster, denn dieser „fürchtet Artus nicht". Artus protestiert, das Kirchenasyl könne nicht über eine so lange Zeitspanne hinweg Geltung haben. An den Ufern des Usk wird der Fall schließlich verhandelt. Artus werden dabei 100 Kühe als Entschädigung zugesprochen, weil Cadoc seine Befugnisse überschritten hat. Als das Vieh von Artus, Cai und Bedwyr über den Fluß getrieben wird, verwandeln sich die Tiere in Farnbüschel. Überwältigt von dieser Demonstration übernatürlicher Macht erkennt Artus Cadocs Recht an, Flüchtlingen sieben Jahre, sieben Monate und sieben Tage lang Asyl zu gewähren.

Keltischer Gestaltwandlungszauber, wie er in dieser Episode eine tragende Rolle spielt, ist ein typisches Motiv der frühen walisischen Geschichten. Möglicherweise liegen der Erzählung auch Rechtsstreitigkeiten zwischen der Kirche und einem weltlichen Herrscher oder Heerführer zugrunde. Die Kirche könnte sich jedoch auch der oben angeführten Episode bedient haben, um das Prestige des Heiligen Cadoc zu steigern und gleichzeitig eine legale Basis für den Anspruch ihrer Klöster zu schaffen, Asyl gewähren zu dürfen. Schon hier ist die Artus-Gestalt also einer gewissen, kulturell bedingten Verzerrung ausgesetzt, die in diesem Fall zum Nutzen der kirchlichen Propaganda gedacht ist.

In der Schrift „Das Leben des Heiligen Carannog" treibt der (schwimmende) Altar des Heiligen über die Severn-Mündung nach Dindraithov, dem heutigen Dunster, wo Cato und Artus herrschen. Während Carannog seinen Altar sucht, spürt Artus gleichzeitig einer Schlange nach, die das Land verwüstet. Sie gehen einen Handel ein: Carannog zähmt die Schlange, und Artus gibt den Altar zurück, den er als Tisch benutzt hat. Artus und Cato schenken dem Heiligen zudem ein Grundstück, auf dem er eine Kirche und ein Kloster errichtet. Wieder einmal geht es also um Machtausübung, um die Aneignung von Kircheneigentum durch den Herrscher und um einen Handel, den die Streitparteien notgedrungen abschließen. Cato (auch unter den Namen Cadwy und Cador bekannt) nimmt in der Artus-Sage und der daraus hervorgegangenen Literatur einen festen Platz ein. Er ist der Vater des historischen Konstantin, der (der Sage nach) Artus auf den Thron folgt und über Dumnonia, ein unabhängiges Königreich im Südwesten, herrscht. Daraus geht hervor, daß Cato der angestammte Herrscher von Dunster ist. Die Tatsache, daß Artus als Mitregent porträtiert wird, weist auf sein Prestige als Heerführer und auf seine politische Bedeutung in der Region hin.

Auch im „Leben des Heiligen Padarn" eignet sich der *tyrannus* Artus Kircheneigentum an. Er betritt Padarns Zelle, versucht, einen Umhang zu entwenden, wird auf Befehl des Heiligen bis zum Kinn von der Erde verschluckt und erst nach einer Entschuldigung wieder freigegeben:

> [...] ein *tyrannus* aus der Fremde [...] verlangte gierig nach Bischof Paternus' Mantel. Paternus antwortete ihm: „Dieser Umhang wurde für Priester gemacht, nicht, um von gottlosen Männern getragen zu werden." Voller Zorn verließ Artus das Kloster und kehrte zurück, um sich den Umhang mit Gewalt zu nehmen [...], er fluchte und stampfte mit den Füßen auf. Paternus befahl: „Die Erde möge ihn verschlingen!" Sofort tat sich die Erde auf und verschlang Artus bis zum Kinn [...]. Er bat um Vergebung; die Erde spie ihn wieder aus [...], der Heilige vergab ihm.

Ein weiteres Mal wird Artus also von einem Heiligen gedemütigt, der göttliche bzw. übernatürliche Kräfte zu Hilfe ruft, um seine Überlegenheit zu beweisen. Erneut stellt sich die Frage, ob nicht auch dieser Geschichte eine Überlieferung zugrunde lag, wonach Artus für seine Feldzüge gegen Sachsen und Iren Geld oder Sachleistungen von der Kirche erheben ließ.

„Das Leben des Heiligen Illtud" gibt die militärische Karriere des bretonischen Heiligen wieder, der angeblich ein Cousin und ehemaliger Krieger Artus' war:

Illtud hörte von der Größe des König Artus und wünschte, den Hof eines so bedeutenden Eroberers zu besuchen
[...]. Als er ankam, erblickte er eine Vielzahl von Soldaten
[...] und erhielt eine Stellung beim Heer, die seinem
kriegerischen Ehrgeiz entsprach. Als er den Rang, den er
begehrte, erreicht hatte, verließ er – wohlangesehen – den
Hof und suchte Poulentus, den König von Glamorgan
auf, der ihn seiner Stellung als königlicher Soldat wegen
aufnahm, [...] ihn all seinen Kampfgefährten vorzog [...]
und ihn zu seinem *magister militium* [Oberbefehlshaber
der Truppen] ernannte.

Diese über die übliche Kirchenpropaganda hinausgehende
Überlieferung müssen wir ernst nehmen. Die These einer bretonischen Unterstützung Ambrosius' und seines Nachfolgers
Artus wird von Geoffrey von Monmouth, aber auch von modernen Historikern geteilt und erscheint vor dem gemeinsamen
religiösen und kulturellen Hintergrund sowie angesichts des
gemeinsamen Feindes, der Angelsachsen, sehr plausibel. In der
Geschichte kommt ferner zum Ausdruck, welch großen Stel-
lenwert regionale Herrscher bei der Wahl ihrer Krieger Artus'
Empfehlungen zumessen.

Caradoc von Llancarfans um 1130 entstandene Schrift „Das
Leben des Heiligen Gildas" verweist gleich an mehreren Stellen
auf Artus. Es handelt sich hier um denselben Gildas, der im 6.
Jahrhundert „The Ruin of Britain" verfaßte. Caradoc zufolge
war Gildas einer der 24 Söhne von Nau, dem König von Scotia.
Gildas' Brüder – vermutlich Pikten – erkannten Artus' Autorität nicht an, woraufhin Artus den ältesten, Hueil, tötete:

Der Heilige Gildas lebte zur Zeit von Artus, dem König
ganz Britanniens, den er über alle Maßen liebte und dem
er jederzeit zu gehorchen wünschte. Trotzdem erhoben
sich seine dreiundzwanzig Brüder ständig gegen den be-
sagten Rebellenkönig [Artus!]. Sie verweigerten ihm die
Anerkennung als ihrem Herrn und vertrieben ihn oft aus
den Wäldern und vom Schlachtfeld. Hueil, der älteste
Bruder, ein tatkräftiger Krieger und ausgezeichneter Soldat, unterwarf sich keinem König, nicht einmal Artus. Er
setzte dem letzteren heftig zu und erregte dessen Zorn in
höchstem Maße. Er machte häufig Ausfälle aus Schott-

land, legte Feuer und war berüchtigt für die Verwüstungen, die er bei seinen erfolgreichen Zügen anrichtete. Als der König ganz Britanniens von den Raubzügen des waghalsigen Edelmanns hörte, den sich seine Landsleute als König wünschten und erhofften, setzte er ihm deshalb nach. Nach heftiger Verfolgung tötete er den jungen Plünderer beim Kriegsrat auf der Insel Minau.
[...] Als König Artus und die wichtigsten Bischöfe und Äbte ganz Britanniens von der Ankunft Gildas des Weisen hörten, versammelten sich viele Geistliche und eine große Menschenmenge, um von Artus Vergeltung für den erwähnten Mord zu fordern. Aber Gildas [...] begegnete seinem Feind höflich, küßte ihn, als dieser um Vergebung bat, und segnete ihn mit sanftem Herzen [...]. König Artus nahm die Buße, die ihm die anwesenden Bischöfe auferlegten, bekümmert und unter Tränen an und widmete sein Leben bis zuletzt der Wiedergutmachung.

Artus' und Gildas' Lebensspannen überschnitten sich mit ziemlicher Sicherheit, denn Gildas gibt ja das Jahr der Schlacht von Badon als dasjenige seiner Geburt an. Zu jenem Zeitpunkt, als Gildas größere Bekanntheit erreichte, war Artus möglicherweise aber bereits gestorben. Das Zusammentreffen des Heiligen und des Königs sowie die dem letzteren auferlegte Buße könnten daher als ein Musterbeispiel mittelalterlicher Kirchenpropaganda gelten. Die Feldzüge gegen die Pikten werden jedoch auch von anderen Chronisten erwähnt und scheinen tatsächlich stattgefunden zu haben. Daß Artus dabei Gildas' Bruder tötete, erscheint möglich, wenn man der These einiger Historiker folgt, wonach Gildas in seinem Buch „The Ruin of Britain" Artus' Namen und seinen Anteil am Triumph über die Sachsen beim Berg Badon aufgrund persönlicher Animositäten verschwieg.
Caradoc liefert uns außerdem eine frühe Variante der beliebten und häufig nacherzählten Geschichte von Ginevras Entführung:

Er [Gildas] verließ die Insel [die Orkaden], schiffte sich auf einem schmalen Schiff ein und [...] erreichte Glastonia zu der Zeit, als Melvas das Sommerland regierte. Er wur-

Glastonbury Tor. Hier wurde der Sage nach die entführte Ginevra gefangengehalten.

de vom Abt von Glastonia herzlich willkommen geheißen und unterrichtete die Brüder [des Klosters] und die verstreut wohnenden Menschen, wobei er die wertvolle Saat der himmlischen Ordnung säte. Hier schrieb er die Geschichte der britischen Könige [...]. Es [Glastonbury] wurde von dem Tyrannen Artus mit unzähligen Kriegern belagert, um dessen Frau Gwenhwyfar [walisische Namensform Ginevras, d.Ü.] zu befreien, die der besagte üble König [Melvas, d.Ü.] geschändet, entführt und in die Sicherheit seiner durch Sümpfe, Flüsse und Röhricht geschützten Zuflucht gebracht hatte. Der Rebellenkönig [Artus, d.Ü.] hatte ein ganzes Jahr lang nach seiner Königin gesucht und zuletzt erfahren, daß sie hier gefangengehalten werde. Deshalb sammelte er die Armeen von ganz Cornubia und Dibneria um sich. Der Krieg zwischen den beiden Parteien stand unmittelbar bevor.
Als er dies sah, trat der Abt von Glastonbury, begleitet von seinen Geistlichen und von Gildas dem Weisen, zwischen die sich gegenüberstehenden Heere und forderte seinen König Melvas auf friedliche Art auf, die entführte

Marduk und die gefangene Winlogee (Ginevra) in einer bildlichen Darstellung auf dem Torbogen des Domes von Modena. Mit bretonischen Namen versehenes normannisches Relief, um 1110.

Dame zurückzugeben. Also wurde die zurückgeforderte Dame friedlich und bereitwillig freigelassen. Als dies geschehen war, überreichten die beiden Könige dem Abt eine Schenkung über viele Ländereien; und sie besuchten das Heiligtum der Jungfrau Maria um zu beten, während der Abt als Dank für den erhaltenen Frieden und die zugesagten und in noch größerem Umfang zu gewährenden Wohltaten die Brüderschaft der beiden beschwor. Die Könige kehrten versöhnt zurück und versprachen, dem verehrungswürdigen Abt von Glastonia stets zu gehorchen, diesen äußerst heiligen Ort niemals zu verletzen und selbst die umliegenden Distrikte zu respektieren.

Die Entführung von Artus' Königin erscheint als Motiv sowohl in der walisischen als auch in der französischen Dichtung. Sie ist auch in einer aus dem Jahre 1110 datierenden normannischen Steinmetzarbeit auf einem Torbogen des Doms von Modena dargestellt. Neben den abgebildeten Figuren sind bretonische Namen eingeritzt. Die Namen von Ginevras Entführern beginnen – vor Lanzelots Auftreten in der Sage – alle mit M: Medraut im Walisischen, Mordred bei Geoffrey von Monmouth, Marduk auf dem Torbogen von Modena und Melegaunt im Französischen; in Caradocs Version ist es Melvas, König des Sommerlands, der die Königin entführt hat und auf dem Glastonbury Tor, einem die umliegende Landschaft dominierenden steilen Hügel am Ortsrand von Glastonbury, gefangenhält. In dieser Legende wird Artus zum ersten Mal mit Glastonbury in Verbindung gebracht. Wenn man die mit dem Ort in Verbindung stehenden Anderswelt-Sagen berücksichtigt, erscheint es bemerkenswert, daß auch in Chretien de Troyes' französischer Version Ginevra in eine jenseitige Welt verschleppt wird. Obwohl eine Entführung von Artus' Königin auch in Wirklichkeit stattgefunden haben könnte (nach walisischer Überlieferung war dies Auslöser der Schlacht von Camlann), scheint es sich doch eher um ein archetypisches Mythenmotiv zu handeln, eine keltische Parallele zur Entführung Persephones. Es erscheint auch bedeutsam, daß Artus genau ein Jahr lang nach seiner Königin sucht. Dies spricht für ein jahreszeitlich-zyklisches Motiv. Die Erzählung von Ginevras Entführung stellt somit eines der vielen Beispiele dar, wie die Artus-Sagen europäischen Mythenstoff aufgreifen und aktualisieren.

Artus erhält Caradoc zufolge militärische Unterstützung aus dem im Westen gelegenen Königreich Dumnonia, das ungefähr das Gebiet der heutigen Grafschaften Devon und Cornwall umfaßte. Wir haben gesehen, daß die Cornovier vermutlich von Vortigern im westlichen Teil dieses Gebiets angesiedelt wurden. Viele der Sagentexte, mit denen wir uns beschäftigen werden, bringen Artus mit Dumnonia in Verbindung. Dies könnte als Hinweis auf Artus' Abstammung bzw. auf seine umfangreichen Familien- und Stammesbeziehungen in dieser Gegend angesehen werden. Wie wir bereits gezeigt haben, herrscht Artus im „Leben des Heiligen Carannog" gemeinsam mit Cato in Dunster. Cato ist der römische Name Cadwys oder Cadors, des Sohns von Geraint, welchem Artus dem walisischen, im folgenden Abschnitt des vorliegenden Buchs behandelten Gedicht „Elegie für Geraint" zufolge militärische Hilfe gewährte. Cador ist außerdem Vater des historischen Konstantin, den Gildas erwähnt und den Geoffrey von Monmouth als Nachfolger Artus' anführt. Bei Geoffrey ist Cador dann Artus' rechte Hand und Herzog von Cornwall.

Das Einschreiten des Abts von Glastonbury in der Entführungsgeschichte scheint das Resultat einer der unzähligen Geschichtsfälschungen zu sein, mit denen das Kloster – aufgrund der ihm angeblich verliehenen ältesten Rechte – Ansprüche auf Ländereien, Privilegien und bevorzugte Behandlung innerhalb der Kirchenorganisation geltend machen wollte. Diese Episode kirchlicher Intervention könnte sich bis zur Abfassung von Malorys Werk erhalten haben. Dort ist es nämlich der Papst, der interveniert, um die Rückgabe von Artus' Königin zu erreichen.

Die Heiligenlegenden scheinen, obwohl Jahrhunderte nach Artus' Tod niedergeschrieben, frühe walisische Sagen, Erzählungen und Überlieferungen derart aufbereitet wiederzugeben, daß Verdienste und Ansehen der betreffenden, zu Artus' Zeit lebenden Heiligen hervorgehoben werden. Einerseits können uns die Hagiographien bestätigen, daß Artus Christ war und der Kirche in gewissem Umfang seinen Schutz gewährte, andererseits lassen sie Streitigkeiten zwischen König und Klerus in Fragen der Rechtsprechung, des Kircheneigentums und der kirchlichen Autorität anklingen. Vielleicht ist der Sagencharakter dieser Geschichten zu ausgeprägt, um aus ihnen glaubwürdiges historisches Beweismaterial gewinnen zu können. Vielleicht ist die Antipathie der Autoren gegenüber Artus durch ihren kulturellen bzw. religiösen Hintergrund oder durch ihre Volkszugehörigkeit bedingt. Möglicherweise wollen sie auch nur das Prestige ihrer Heiligen fördern, indem sie zeigen, wie diese den berühmten Artus überlisten. Abermals gilt es die Frage aufzuwerfen: Wäre es nicht möglich, daß hier auch Erinnerungen an eine Art Schutzgeld oder Steuererhebung, die bei der keltischen Kirche auf Ablehnung stießen, in die Legenden mit eingeflossen sind?

Auch einige bretonische Heiligenlegenden verweisen auf Artus. In dem um 1019 entstandenen „Leben des Heiligen Goueznou" wird berichtet, wie der Übermut der sächsischen Siedler „später eine Zeit lang durch den großen Artus, den König der Briten, gezähmt wurde, so daß sie weitgehend zurückgehalten und zum Dienen gezwungen wurden." Und die aus dem 12. Jahrhundert stammende Schrift „Das Leben des Heiligen Euflamm" erwähnt Artus gar als legendären Drachentöter.

Die walisische Artus-Dichtung

Neben dem Material der walisischen Chroniken und Heiligen-legenden finden sich in frühen walisischen Gedichten und Prosatexten zahlreiche Artus betreffende Hinweise, Geschichten und Anekdoten. Artus war das ganze Mittelalter hindurch die dominierende walisische Sagengestalt. Die Waliser verehrten ihn stolz als Symbol des Sieges über die sächsischen Unterdrücker. Den allmählichen Wandel der Artus-Sagen kann man als wichtigen Indikator für kulturelle Veränderungen im mittelalterlichen Wales betrachten. Dabei sollte jedoch auch die Wechselbeziehung zwischen der Entwicklung des walisischen Sagenmaterials und den im 12. und 13. Jahrhundert entstehenden französischen Artus-Romanen nicht übersehen werden.

Die häufigsten Hinweise auf Artus sind uns in den Schriften der „Four Ancient Books of Welsh Poetry" erhalten – im „Buch Taliesin", dem „Buch Aneirin", dem „Schwarzen Buch von Carmarthen" und dem „Roten Buch von Hergest". Dazu kommt eine Prosasammlung im „Weißen Buch des Rhydderch". Nach heutigen Erkenntnissen stammen die Manuskripte aus der Zeit zwischen dem Ende des 12. Jahrhunderts und dem Ende des 14. Jahrhunderts. Viele der in diesen Büchern gesammelten Gedichte enthalten Überreste altwalisischer Sprachformen, die auf eine schriftliche Urfassung der betreffenden Werke im 9. Jahrhundert hindeuten. Dabei ist nicht auszuschließen, daß es sich um Niederschriften mündlicher Überlieferungen aus noch früherer Zeit handelt. Obwohl die Gedichte sich nicht so weit zurück-datieren lassen, daß man sie als zeitgenössische Artus-Quellen betrachten könnte, ermöglichen sie uns umfassende Einsichten in das walisische Sagenmaterial vor seiner Bearbeitung durch Geoffrey von Monmouth und die französischen Romandichter und der daraus resultierenden Verbreitung des Artus-Mythos in ganz Europa.

Das Material der walisischen Dichtung entstammt der kelti-schen Kulturtradition ganz Britanniens. Mehrere der vermeint-lich „walisischen" Barden kommen aus Landesteilen, die weit vom Gebiet des heutigen Wales entfernt liegen. Für eine umfas-sende Einschätzung des Korpus der walisischen Artus-Dichtung bedarf es ohnehin noch umfangreicher Forschungen auf dem Gebiet der Entwicklung keltischer Dichtung. Die große Zeit-spanne zwischen dem Entstehen der Gedichte, ihrer mündlichen Überlieferung durch britische Barden und Hofdichter und ihrer schriftlichen Abfassung läßt viele Fragen offen. Die Aussichten sind jedoch verführerisch. Könnte das dem Aneirin zugeschriebene Gedicht „Y Gododdin" in irgendeiner Form auf ein mündlich tradiertes Werk dieses Barden zurückgeführt werden? Der Verfasser war angeblich Zeuge der um 601 n.Chr. gegen die Sachsen geführten Schlacht von Catraeth und besingt die Tapferkeit eines seiner Kameraden, der „gochone brein du ar uur caer cerni bei ef Arthur", also schwarze Raben auf dem Wall der Festung verschlang, obwohl er nicht Artus war. Keltische Barden verfaßten tatsächlich derart patriotische Elegien – viele Forscher sind der Überzeugung, daß in denselben Gedichtsammlungen authentische Gesänge des Taliesin enthalten sind, in denen dieser seinen Herrn Urien feiert, auch wenn die linguistischen Merkmale der Gedichte Aneirins und Taliesins auf eine Niederschrift im 10. Jahrhundert schließen lassen. Wenn das „Gododdin" tatsächlich von Aneirin stammt, stellt es den ältesten uns überlieferten Hinweis auf Artus dar und präsentiert ihn als heroisches Vorbild für die Tapferkeit anderer Krieger.

Daneben erwähnt das Gedicht den Einsatz von berittenen Kriegern gegen die Sachsen. Dies deckt sich mit der Ansicht von Historikern, der römisch-keltische Schlag gegen die Sachsen unter Ambrosius sei zum Teil mit berittenen Truppen geführt worden. Es gibt zeitgenössische Quellen, die den erfolgreichen Einsatz gallischer Reiterei gegen germanische Fußsoldaten in Artus' Epoche belegen. Auch in den walisischen Vorläufern der Artus-Romane treten dessen berittene Krieger auf und stehen den Bedrängten bei. Diese Überlieferungen haben möglicherweise eine historische Grundlage. Berichte über Artus' Reiterheer finden sich auch in der „Elegie für Geraint", einem äußerst interessanten Gedicht, das sowohl im „Schwarzen Buch von Carmarthen" als auch im „Roten Buch von Hergest" enthalten ist. Es erzählt von einer der seltenen Niederlagen Artus':

> Vor Geraint, des Feindes Schreckbild,
> Sah ich Rosse, weiß mit roten Hufen,
> Und nach dem Ruf zur Schlacht ein dunkles Grab.

> Vor Geraint, der große Beute machte,
> Sah ich Rosse, ihre Hufe rot vom Blut der Schlacht,
> Und nach dem Ruf zur Schlacht große Trauer.

Vor Geraint, der Geißel des Feindes,
Sah ich Rosse, weiß von schäumendem Schweiß,
Und nach dem Lärmruf zur Schlacht ein bleiches Leichen-
/tuch.

Zu Llongborth sah ich Aasvögel kreisen,
Sah die Erschlagenen gebadet im Blut
Und die Kämpfer rotbespritzt von des Feindes Wut.

Zu Llongborth sah ich der Schlacht Getos,
Furcht und Schrecken und blutige Häupter
Vor Geraint, seines Vaters großem Sohn.

Zu Llongborth blitzten Sporen,
Und Männer fürchteten nicht die Speere des Feindes,
Blut floß, rot wie der Wein im Glas.

Zu Llongborth sah ich Waffenröcke,
Männer erschlagen und vergossenes Blut
Und nach dem Ruf zur Schlacht ein düsteres Begräbnis.

Zu Llongborth sah ich Artus.
Tapfere Männer, welche mit Stahl um sich hieben.
Ein Kaiser und Leiter der Schlacht.

Zu Llongborth ward erschlagen Geraint,
Ein tapferer Krieger des Tieflands von Devon;
Wie er fiel, so fällend auch den Feind.

Schnell waren die Pferde, die Geraint ritt,
Langbeinig und wohlgenährt.
Blutbespritzt, stürzten sie sich auf den Feind wie milch-
/weiße Adler.

Schnell waren die Pferde, die Geraint ritt,
Langbeinig und wohlgenährt.
Blutbespritzt, brachten sie den Tod wie schwarze Raben.

Schnell waren die Pferde, die Geraint ritt,
Langbeinig und wohlgenährt.
Blutbespritzt rasten sie dahin wie rote Adler.

Schnell waren die Pferde, die Geraint ritt,
Langbeinig, Getreide verschlingend.
Vom Blut der Feinde rot, flogen sie dahin wie weiße Adler.

Schnell waren die Pferde, die Geraint ritt,
Langbeinig, schnell wie der Hirsch.
Ein dahinbrausendes Feuer auf einem dürren Berghang.

Schnell waren die Pferde, die Geraint ritt,
Langbeinig, nach Getreide hungernd,
Grau, die Spitzen ihrer Mähnen silbrig glänzend.

Schnell waren die Pferde, die Geraint ritt,
Langbeinig, ihr Futter wert,
Vom Blut der Feinde rot, zogen sie dahin wie graue Adler.

Schnell waren die Pferde, die Geraint ritt,
Langbeinig und wohlgenährt.
Vom Blut der Feinde rot, zogen sie dahin wie braune Adler.

Als Geraint geboren wurde, stand die Himmelspforte
/offen.
Christus schenkte, was erbeten ward:
Ein edles Antlitz, der Stolz Britanniens.

In der „Angelsächsischen Chronik" findet sich für das Jahr 501 n.Chr. folgender Eintrag:

In diesem Jahr kamen Port und seine zwei Söhne, Bieda und Maegla mit zwei Schiffen nach Britannien, landeten an dem Ort, der heute Portsmouth heißt, und töteten einen jungen Briten, einen sehr edlen Mann.

In „The Age of Arthur" vertritt John Morris nun die Überzeugung, daß sich das walisische Gedicht und die sächsische Chronik auf die gleiche Schlacht beziehen. Er geht davon aus, daß sich der britische Name Llongborth auf Portchester, den Hafen von Portsmouth bezieht:

Llongborth ist der „Schiffshafen". Im Walisischen steht das Wort *Llong* generell für Schiffe aller Art; aber als es aus

Die Burganlage von Portchester Castle in Hampshire – möglicherweise Schauplatz der Schlacht von Llongborth.

dem Lateinischen ins Britische übernommen wurde, hatte es die präzisere Bedeutung „Kriegsschiff" *(longa navis)*. Ein Hafen für Kriegsschiffe also, eine Marinebasis, bei der ein Prinz aus Devon im 5. Jahrhundert in der Schlacht ums Leben kam: Dabei kann es sich kaum um einen anderen Ort gehandelt haben als um Portchester, die in den „Notitia" aufgeführte westlichste Befestigungsanlage der Sachsenküste an der Landspitze des Hafens von Portsmouth.

Morris weist darauf hin, daß Geraint in Stammbäumen als Prinz von Dumnonia, im Walisischen später Dyvneint und im Englischen Devon genannt, aufgeführt ist und daß einer der Söhne Ports, Maegla, einen britischen Namen trägt. Er hat überzeugendes Indizienmaterial für eine Rekonstruktion des Verlaufs der Schlacht von Llongborth zusammengetragen: Dumnonische Truppen griffen demnach das von einem britisch-sächsichen Bündnis gehaltene Portchester an, einen Ort von großer strategischer Bedeutung, wurden jedoch zurückgeschlagen. Die angesprochene anglo-britische Allianz führte möglicherweise auch zur Gründung des Königreichs Wessex unter Cerdic – einem

Ein keltischer Zauberkessel. Zeichnung von Charlotte Guest für ihre Ausgabe des „Mabinogion".

Herrscher mit britischem Namen. Mehrere Autoren moderner Artus-Romane haben dieses interessante Szenario in ihren Werken weiterentwickelt.

Das „Buch Taliesin" enthält Gedichte, die Uther Pendragon, Artus' Pferd, einen Artus segnenden Barden und eine Fahrt Artus' in die Anderswelt – auf der Suche nach einem Zauberkessel – erwähnen. Bei der zuletzt angesprochenen Episode handelt es sich möglicherweise um einen Prototypen der Gralslegende. Im „Buch Aneirin" wird hingegen – wie schon im oben angesprochenen Gedicht „Y Goddodin" – auf den Eber Trwyth angespielt, einer Figur der Prosaerzählung „Culhwch und Olwen" aus dem „Mabinogion". Im „Schwarzen Buch von Carmarthen" gibt uns ein Gedicht mit dem Titel „Das Lied der Gräber" schließlich den frühesten Hinweis auf Artus' Unsterblichkeit:

> Osvrans Sohnes Grab bei Camlann,
> Nach vielen Schlachten,
> Bedwyrs Grab in Allt Tryvan.
> Ein Grab für March, ein Grab für Gwythur,
> Ein Grab für Gwgawn vom rötlichen Schwert,
> Bis zum Jüngsten Tag verborgen, das Grab von Artus.

Das „Schwarze Buch" enthält auch das Fragment eines Dialogs zwischen Artus und dem Türsteher seiner Hügelfestung. Artus' Gefährten sind dabei Kei und Bedwyr. Außerdem findet sich ein Gedicht, das sich auf den Tod von Artus' Sohn bezieht:

> Ich war dort, als Llacheu fiel,
> Artus' vielbesungener Sohn,
> Als sich die Raben über dem Blut sammelten.

Im „Roten Buch von Hergest" gibt es eine Reihe Triaden, die möglicherweise eine Art Merkhilfe für Barden darstellten, darunter „Die drei üblen Entdeckungen von Britannien":

> Eine war die des Artus, der den Kopf Brans des Gesegneten vom Weißen Hügel wegnahm; er wollte die Insel nicht von einer anderen Macht als seiner eigenen beschützen lassen.

Dies ist eine Anspielung auf die Mabinogion-Legende, nach der Bran, ein britisch-keltischer Held mit halbgöttlichen Eigenschaften, seinen Kopf nach seinem Tod unter dem Weißen Hügel im Tower von London begraben ließ. Dessen Zauberkraft soll der Sage nach die „Insel der Mächtigen", also Britannien, vor feindlichen Invasionen bewahren. Der Name Bran bedeutet Rabe. Möglicherweise handelt es sich also bei der Legende, nach der Großbritanniens Sicherheit vom Verbleiben der Raben im Tower abhängt, um eine neuere Version dieser jahrhundertealten Geschichte.

Einige Triaden beschäftigen sich mit der Entführung Ginevras und den vermeintlichen Ursachen für die Schlacht von Camlann, darunter etwa die „Drei Heftigen Schlägen von Britannien" („der Schlag, den Gwenhwyvach Gwenhwyvar versetzte, und der die Schlacht von Camlann auslöste") und die „Drei Verheerenden Plünderungen":

> Die erste fand statt, als Medrawd nach Galliwig [die Burg von Killibury, eine Hügelfestung in Cornwall] zog; er ließ nicht einmal genug Fleisch und Getränk zurück, um eine Fliege zu ernähren, sondern verbrauchte und verdarb alles; und er zerrte Gwenhwyvar von ihrem Thron und schändete sie. Die zweite erfolgte, als Artus zum Hofe

Burg Caerlaverock in Dumfriesshire. Die „Festung der Lerche" wird in der walisischen Sage mit Merlin in Verbindung gebracht.

Medrawds zog; es gab weder Speise noch Getränk, die er nicht vernichtete; und er tötete alle Lebewesen zu Hunderten, Menschen und Tiere.

Das „Schwarze Buch von Carmarthen" enthält mehrere Gedichte, die sich um die Figur des Barden Myrddin drehen. In diesem Zusammenhang ist es von Bedeutung, daß sich in einer Fassung der „Annales Cambriae" für das Jahr 573 n.Chr. folgender Eintrag findet:

Die Schlacht von Arderydd zwischen den Söhnen des Eliffer und Gweddolau, Sohn des Ceidio; in welcher Gwenddolau fiel und Merlin verrückt wurde.

Jene Schlacht von Arthuret, einem kumbrischen Dorf an der schottischen Grenze, wird nun in den walisischen Triaden als eine der „Drei Vergeblichen Schlachten" bezeichnet, weil sie um „ein Lerchennest" geführt worden sei. Dies ist ein sarkastisches, für die walisische Dichtung typisches Wortspiel, da die Schlacht durch einen Streit um den Besitz der Burg Caerlaverock ausgelöst wurde. Die Burg lag südlich von Dumfries am

Solway Firth; ihr Name bedeutete „Festung der Lerche". Aus der poetischen Beschreibung der Schlacht geht hervor, daß Gwenddolau vermutlich Merlins Herrscher und Verwandter war. Merlin ließ ihn auf irgendeine Weise vor oder während der Schlacht im Stich und suchte im „Wald von Celidon" Zuflucht. Man nimmt an, daß er während seines Exils visionäre Gedichte verfaßte. Diese Geschichte ist indes nicht so sehr als historisches Zeitzeugnis, sondern eher als keltische Version eines archetypischen Motivs der europäischen Mythologie zu betrachten. Eine irische Parallele zur Merlin-Erzählung findet sich etwa in der Lailoken-Legende. Der Merlin oder Myrddin des „Schwarzen Buchs" scheint also die Funktion eines poetischen Charakters zu haben, vergleichbar etwa mit der Figur des Prufrock bei T.S. Eliot. Auf mythischer Ebene finden in der Gestalt des Merlin wohl Überreste druidischer und bardischer Traditionen ihren Niederschlag. Es lohnt sich daher zu verfolgen, wie im 12. Jahrhundert Geoffrey von Monmouth seine Merlin-Figur entwickelt.

Das „Mabinogion"

Zum „Roten Buch von Hergest" gehört eine Sammlung walisischer Prosaerzählungen, die sich ebenso im „Weißen Buch von Rhydderch" findet. Seitdem Charlotte Guest sie in den vierziger Jahren des 19. Jahrhunderts übersetzt hat, sind die Geschichten unter dem Sammelnamen „Mabinogion" bekannt geworden. In fünf Episoden tritt Artus auf. Das „Weiße Buch" stammt wohl aus dem 13., das „Rote Buch" aus dem 14. Jahrhundert. Experten nehmen jedoch an, daß es sich um Abschriften von Texten aus dem 12. Jahrhundert handelt, die wiederum Material aus noch älteren, schriftlich oder mündlich überlieferten Quellen enthalten. Vier dieser Erzählungen weisen den Einfluß französischer Romane auf; für drei von ihnen lassen sich Parallelversionen in Chretien de Troyes' Artus-Romanen aus dem 12. Jahrhundert nachweisen. Die verbleibende fünfte Geschichte, „Culwch und Olwen", ist älter als die Romane, enthält heidnische und volkstümliche Elemente und deutliche Spuren mündlicher Überlieferung. Sie ist mit großer Wahrscheinlichkeit die älteste komplett erhaltene Erzählung, in der Artus eine tragende Rolle spielt.

Zu den Märchenelementen von „Culhwch und Olwen" gehören: die eifersüchtige Stiefmutter, der Fluch bzw. das Beschwö-
ren eines Schicksals, die Bitte um eine Wohltat (was auch später
im Romangenre erhalten bleibt), das Erfüllen schwieriger oder
schier unmöglicher Aufgaben, sprechende Tiere, die den Menschen beistehen, die Jagd auf ein übernatürliches Untier und
die Heirat mit einer Riesentochter. Zu den heidnischen Bestandteilen der Geschichte zählt das Ablegen eines Eids auf
Naturerscheinungen:

> Du sollst die Gabe empfangen, welche immer auch deine
> Zunge nennen mag, so weit der Wind trocknet, der Re-
> gen näßt, die Sonne umgeht, das Meer flutet und die Erde
> sich ausdehnt, ausgenommen nur mein Schiff, und mei-
> nen Mantel, Caledvwlch, mein Schwert, Rhongomynid,
> meinen Speer, Wynebgyrthucket, meinen Schild,
> Carnwennan, meinen Dolch, und Gwenhwyfar, mein
> Weib [...].

Artus beantwortet mit diesem Angebot eine nicht näher defi-
nierte Bitte seines Vetters Culhwch um Unterstützung. Dieser
hatte unter Schwierigkeiten während der Neujahrsfeiern Zugang zu Artus' Hügelfestung gefunden. Culhwch wurde von
seiner Stiefmutter dazu verflucht, sich in eine Riesentochter,
Olwen, zu verlieben, die er noch nie gesehen und deren Hochzeit den Tod des Riesen zur Folge haben würde – es handelt
sich hier eindeutig um Märchenmotive. Artus' Türsteher,
Glewlyd, den wir auch in der walisischen Dichtung antreffen,
versucht nun, Culhwch davon abzubringen, das Festmahl zu
stören:

> Das Messer steckt bereits im Braten; der Trunk wartet
> schon im Horn, und in Artus' Halle findet eine Ver-
> sammlung statt. Außer einem rechtmäßigen König oder
> einem Handwerker, der seine Dienste anbietet, darf nie-
> mand eintreten. Man wird euch Futter für eure Hunde
> geben und Hafer für eure Pferde, gepfefferten Braten
> und Wein, soviel ihr trinken könnt. Lieder werden für
> euch erklingen; ihr werdet im Gästehaus Verpflegung
> finden, die für fünfzig Männer ausreicht. Dort sollt ihr
> mit den Fremden und den Knechten speisen. Frauen wer-

den euer Lager teilen und euch mit ihrem Gesang unterhalten.

Dieser Auszug spiegelt Wertvorstellungen einer frühzeitlichen Kriegergesellschaft wider: Jedermann wird ein hohes Maß an Gastfreundschaft gewährt; der (geschickte) Handwerker genießt besonderes Ansehen. Archaisch-triebhafte Elemente einer solchen Gesellschaftsordnung wie die freie Verfügbarkeit von Frauen und Gelage mit „gepfefferten Braten" kämen in den anspruchsvolleren französischen Romanen wohl kaum jemals so unverblümt zum Ausdruck. Culhwch trägt dann sein Ersuchen um Beistand vor 200 Kriegern aus Artus' Gefolge vor, die einzeln aufgezählt werden. Diese Stelle diente wohl Barden dazu, beim mündlichen Vortragen der Erzählung ihr ausgezeichnetes Gedächtnis öffentlich zu demonstrieren. An herausragender Stelle werden Cei und Bedwyr (Kay und Bedivere bei Geoffrey von Monmouth und seinen literarischen Nachfolgern) sowie Gwalchmai genannt, der Prototyp des Gawain, von dem erzählt wird, daß er niemals nach Hause zurückkehre, ohne seine Aufgabe erfüllt zu haben.

Die poetische Beschreibung Olwens betont deren Schönheit mit Hilfe von Bildern aus der Welt der Natur und wirkt im Gegensatz zu den prunkvoll ausgeschmückten und gekünstelten Beschreibungen schöner Damen in späteren Artus-Romanen recht erfrischend:

> Ihr Haupt war gelber als eine Ginsterblüte und ihre Haut weißer als der Schaum der Welle; ihre Füße und Hände waren schöner als die Blüten der Waldanemone unter dem Sprudel der Wiesenquelle. Das Auge eines abgerichteten Habichts, der Blick des dreimal gemauserten Falken waren nicht glänzender als der ihrige. Ihr Busen war schneeiger als die Brust des weißen Schwans und ihre Wangen röter als die rotesten Rosen. Wer irgend sie erblickte, ward erfüllt von ihrer Liebe.

Auf echte Märchenart verlangt der Riese die Erfüllung vieler unlösbar erscheinender Aufgaben, bevor er seine Tochter Culhwch zur Frau gibt. Culhwch bittet daraufhin Artus und dessen Gefährten um Unterstützung. Artus selbst spielt dann eine entscheidende Rolle bei der Jagd auf den Eber Twrch

Trwyth – einen verwunschenen Prinzen – und beim Erlangen des Blutes der Schwarzen Hexe, die man später mit Wookey Hole, einer Tropfsteinhöhle bei Wells in Somerset, in Verbindung gebracht hat: Er schleudert seinen Dolch Carnwenan nach der Hexe und zerteilt sie damit in zwei Hälften.

In der „Dame von der Quelle" tritt der historische Owain von Rheged als Held auf. Er und sein ebenso berühmter Vater Urien erlangten im späten 6. Jahrhundert – einige Zeit nach Artus' Tod – durch ihren Kampf gegen die Sachsen im Norden Englands unsterblichen Ruhm. Mehrere Gedichte über diese Krieger-Häuptlinge sind uns erhalten geblieben, darunter einige, die dem Barden Taliesin zugeschrieben werden. Beide Helden wurden später posthum als Ritter der Tafelrunde in die Artus-Sagen übernommen. Zu deren merkwürdigsten Wendungen gehört, daß dort Morgan Le Fay als Uriens Frau und Owains Mutter auftritt. Morgan (oder Morgaine, d.Ü.) ist eigentlich eine rein mythisch-religiöse keltische Figur, die man durch die bretonische und walisische Mythologie bis zur irischen Kriegsgöttin, der Morrigan, zurückverfolgen kann, die sich in Gestalt eines Rabens auf dem Leichnam des Helden Cuchulain niederließ, um dessen Tod anzuzeigen.

In der „Dame von der Quelle" finden sich noch viele frühkeltische, weit vor Artus' Zeit zurückreichende Elemente, darunter Anzeichen eines Mondkultes und Spuren einer matrilinearen Gesellschaft. Bei der in dieser Geschichte genannten außergewöhnlichen Zauberquelle handelt es sich um die Fontaine de Barenton im Foret de Paimpont in der Bretagne. Man nimmt an, daß sie ein Heiligtum der Druiden darstellte. Die Quelle und die nahegelegene Steinplatte, die man der Legende nach durch Übergießen mit Wasser „aktivieren" kann, tauchen in vielen Sagen auf. Die Erzählung von Owain, der sich nicht daran erinnern kann, wie er von seiner angenommenen Heimat, der Bretagne, an Artus' Hof nach Caerleon gelangt ist, stellt auch ein Musterbeispiel der typisch keltischen Geschichte vom Helden dar, der aus Versehen in die Anderswelt gerät und dort mitunter auch eine Gefährtin findet. Chretien de Troyes griff im 12. Jahrhundert für seinen Roman „Ivain" auf identisches Sagenmaterial zurück. Obwohl diese Erzählung also keltisch-mythischen Ursprungs und religiös motiviert ist, hat der französische Roman die uns erhaltene walisische Fassung zweifellos mit geprägt. Die Figur des Kay

Eine Illustration Charlotte Guests zur Erzählung „Culhwch und Olwen".

(der typische großmäulige Raufbold aus der mündlich überlieferten walisischen Literatur und aus „Culhwch und Olwen") trägt beispielsweise schon die Züge des widerwärtigen, unfähigen Prahlers der anspruchsvolleren französischen Artus-Romane. Vermutlich haben sich die walisischen und französischen Werke gegenseitig beeinflußt und/oder schöpfen aus einer gemeinsamen, möglicherweise bretonischen Quelle.

Das Problem, daß in den uns erhaltenen Versionen der Erzählungen Urfassung und Bearbeitung kaum bestimmt werden können, tritt auch bei zwei weiteren Geschichten des „Mabinogion", „Geraint und Enid" sowie „Peredur" und ihren französischen Gegenstücken auf, die bei Chretien de Troyes „Erec und Enide" bzw. „Perceval" heißen. Die abschließende Artus-Geschichte des „Mabinogion" ist „Der Traum von Rhonaby". Ihre traumhaft-visionäre Erzählstruktur entspricht der Mode des späten Mittelalters. Die Geschichte scheint auf den ersten Blick neueren Ursprungs zu sein, enthält aber ältere Sagenmotive wie den magischen Rabenschwarm des Owain (den dieser möglicherweise von seiner übernatürlichen Mutter geerbt hat). Abschließend gilt es noch eines festzuhalten: Obwohl das

„Mabinogion" in Wales auch zuvor schon weithin bekannt war, dauerte es bis in die vierziger Jahre des 19. Jahrhunderts, bis seine Erzählungen – vermittelt durch Charlotte Guests Übersetzung ins Englische – unterschiedliche Versionen der Artus-Geschichte, beginnend mit Tennysons Werken, beeinflussen konnten.

5. Geoffrey von Monmouth und Tintagel

Im Jahre 1136 veröffentlichte ein Magister und Dozent des St. George's College in Oxford, einer Vorgängerinstitution der Oxforder Universität, eine hastig verfaßte, populär gehaltene „Geschichte Britanniens" in der Absicht, sich mit diesem Werk bei der Obrigkeit für ein hohes Kirchenamt zu empfehlen. Er stellte das neue, normannische England auf das Fundament einer mythisch-heroischen Vergangenheit, die es mit der Welt des französischen Sagenkreises um Karl den Großen aufnehmen konnte. Die besiegten Angelsachsen wurden zudem in der Rolle der „Bösen" präsentiert.

Geoffrey von Monmouths „History of the Kings of Britain" erfuhr eine für die damalige Zeit enorme Verbreitung. Über 200 handgeschriebene Kopien sind uns erhalten geblieben. Ein beträchtlicher Teil der in Latein verfaßten Schrift handelt von „König" Artus. 20 Jahre später erweiterte Meister Wace, ein von der Kanalinsel Jersey stammender Geistlicher, Geoffreys Werk auf etwa 10.000 achtsilbige Zeilen in französischer Sprache. Unter dem Titel „Le Roman de Brut" widmete er es Königin Eleanor von Aquitanien. Die von Wace vorgenommenen Ergänzungen stützen sich auf mündliche Artus-Überlieferungen, die in der Bretagne weite Verbreitung gefunden hatten. Jenen Quellen ist unter anderem die Vorstellung von Artus' Wiederkehr aus dem Totenreich der Anderswelt entnommen. Wace ist der erste Autor, der die Tafelrunde erwähnt („von der die Briten viele wunderbare Geschichten erzählen"). Auch dieses Motiv entnimmt Wace mündlichen Überlieferungen der Artus-Sagen. Die Werke von Geoffrey von Monmouth und von Wace dienten dann den Autoren der französischen Artus-Romane des 13. Jahrhunderts als wichtigste Informations- und Inspirationsquelle.

Waces Werk übertrug gegen Ende des 12. Jahrhunderts Layamon, ein Priester aus Arley Regis in Worcestershire, wiederum in alliterative Verse der englischen Sprache. Auf diese Weise wurde Artus zum Nationalhelden der Engländer, gegen deren Vorfahren er sein Leben lang gekämpft hatte. Layamon verzichtet auf viele der ritterlich-romantischen Elemente von

Waces „Brut". Statt dessen führt er recht brutale Szenen und Kommentare ein. Beispielsweise bestraft Artus einen Ritter, indem er dessen weiblichen Verwandten die Nasen abschneiden läßt. Gawain verlangt an anderer Stelle, die untreue Ginevra von wilden Pferden zerreißen zu lassen. Wir können hier erkennen, wie unterschiedliche Autoren die Artus-Geschichten vor dem Hintergrund ihrer eigenen Kultur und persönlichen Vorstellungswelt adaptieren. Obwohl 40 Jahre nach Waces „Roman de Brut" entstanden, spiegelt Layamons Geschichte noch stärker eine von gewalttätigen, rachsüchtigen Kriegern geprägte Gesellschaftsform wider.

Geoffrey von Monmouths Signatur ist uns auf einigen Urkunden der Universität von Oxford erhalten geblieben. Sie lautete „Geoffrey Arthur". Das „Arthur" könnte mit dem Namen von Geoffreys Vater identisch sein, und es deutet auf eine mögliche walisische oder bretonische Abstammung des Autors hin. Für bretonische Wurzeln Geoffreys spricht dabei vor allem folgendes: Obwohl der Name „Arthur" in den walisischen Fürstenhäusern des 7. Jahrhunderts noch recht häufig auftaucht – ein weiteres Indiz für Artus' historische Existenz und das hohe Ansehen, das er genoß –, war er im 11. und 12. Jahrhundert allem Anschein nach in der Bretagne wesentlich weiter verbreitet als in Wales. Gegen Ende des 12. Jahrhunderts nannte etwa Konstanze von der Bretagne ihren Sohn Arthur, eine politische Geste, mit der sie die Unterstützung des Volkes zu gewinnen hoffte. Da nun aber ein beträchtlicher Teil der Truppen Wilhelms des Eroberers in der Schlacht von Hastings aus der Bretagne stammte, ist es gut möglich, daß auch einige von Geoffreys Vorfahren im Zuge der normannischen Eroberung auf die Insel kamen. Nachweislich wanderten in jenen Jahren viele Bretonen nach Wales aus. Allerdings können wir eine walisische Abstammung Geoffreys nicht völlig ausschließen. Vermutlich wurde er in Monmouth an der walisischen Grenze geboren. In seinem Werk beweist er bei der Beschreibung von Caerleon jedenfalls hervorragende Ortskenntnisse. Dieser Ort erscheint bei Geoffrey als Artus' Hauptstadt und wird von ihm ausführlich – im zeitgenössischen Kontext des 12. Jahrhunderts – beschrieben. Dabei gilt es zu berücksichtigen, daß die römischen Ruinen bei Caerleon, darunter das in der Gegend ab 1405 als „König Artus' Runde Tafel" bekannte Amphitheater, damals allgemein als Überbleibsel der Artus-Zeit gedeutet wurden.

Das römische Amphitheater von Caerleon, in der Region als „König Artus' Runde Tafel" bekannt.

Im Jahr 1151 erhielt Geoffrey sein Kirchenamt. In London wurde er zum Bischof der walisischen Diözese St. Asaph ernannt. Dies spricht ebenfalls für Geoffreys bretonische oder bretonisch-normannische Abstammung. In der Regel setzten nämlich die normannischen Kirchenoberen Britanniens in walisischen Diözesen keine Bischöfe walisischer Abstammung ein. Darüber hinaus weist Geoffreys Werk eine stark bretonische Perspektive auf und wurde möglicherweise unter Verwendung verlorengegangener bretonischer Quellen oder mündlicher Überlieferungen verfaßt.

Bis heute scheuen viele Historiker davor zurück, Geoffrey ernst zu nehmen. Selbst als Übermittler mündlicher Traditionen findet er wenig Anerkennung. Dies ist umso bedauerlicher, als sein Werk das entscheidende Bindeglied in der Entwicklungskette der Artus-Sagen darstellt. In seiner Darstellung verknüpft er verifizierbare schriftliche Quellen mit bisher unbekanntem Material, das mündlichen Überlieferungen entstammen könnte und möglicherweise gar von historischer Bedeutung ist. Obwohl so vieles an der „History of the Kings of Britain" sagenhaft oder übertrieben erscheint, haben Literaturwissenschaftler schon immer die These angezweifelt, Geoffrey habe seine Geschichte einfach frei erfunden. Ein solches Vorgehen entspricht einfach nicht den Gepflogenheiten mittelalterlicher Autoren. Daß von Geoffreys Ausführungen vieles historisch suspekt erscheint, heißt nicht notwendigerweise, daß sämtliche Schilderungen seiner Phantasie entspringen. Für all diejenigen, deren Interesse der Entwicklung der Artus-Geschichte gilt – dazu gehört auch die Wechselbeziehung zwischen Sage und jeweils dominierender Kultur – muß vielmehr die Frage nach Geoffreys Quellen von höchster Wichtigkeit sein. Woher bezog Geoffrey seine Informationen über Artus? Die Antwort scheint zu lauten: von den Kelten. Geoffrey selbst weist jedenfalls auf eine von ihm verwendete schriftliche Quelle hin:

> Walter, Archidiakon von Oxford, ein Mann, der die Kunst der Rede beherrscht und in der Geschichte fremder Länder überaus bewandert ist, gab mir ein gewisses Buch, sehr alt und in der britischen Sprache verfaßt. Dessen Inhalt, eine ansprechende, durchgehende und geordnete Erzählung, betraf alle Taten dieser Männer, von Brutus, dem ersten König der Briten, bis hin zu Cadwalon. Ich habe [...] dieses Buch auf Walters Wunsch hin ins Lateinische übersetzt, dabei meine eigenen Ausdrücke und den Stil meiner Heimat verwendet und nicht mit dem sprachlichen Erfindungsreichtum anderer geprahlt [in der neuenglischen Übersetzung: „I have gathered no gaudy flowers of speech in other men's gardens", d.Ü.].

Der genannte Walter war Provost des St. George's College in Oxford und Geoffreys Vorgesetzter. Sein Name erscheint neben dem Geoffreys als Mitunterzeichner von fünf überlieferten Urkunden. Es erscheint unvorstellbar, daß Geoffrey wahrheitswidrig in der Öffentlichkeit behauptet haben könnte, Quellenmaterial von Walter erhalten zu haben – zumal dieser die „History" aller Wahrscheinlichkeit nach las und möglicherweise auch deren Abfassung mit Geoffrey besprach. Laut Geoffrey brachte Walter das Buch „ex Britannia" mit; die „britische Sprache", in der das Werk abgefaßt gewesen sei, könnte Walisisch, Bretonisch oder Kornisch sein. Peter Berresford Ellis glaubt in einer seiner jüngsten Veröffentlichungen, „Celt and Saxon", jenes Buch aufgespürt zu haben – eine Geschichte Cornwalls, deren Titel in der Bibliothek des Vatikan aufgeführt ist. Diese Vermutung erscheint besonders im Hinblick auf die Menge kornischer Überlieferungen plausibel, welche Geoffrey in den Artus-Kapiteln seiner Geschichte präsentiert. Der Einwand, Geoffreys Werk enthalte Material, das unmöglich älteren Quellen entstammen könne, ist nicht stichhaltig. Von einem mittelalterlichen Autor muß man geradezu erwarten, daß er eine – in ihrer Urfassung möglicherweise sehr kurze – schriftliche Quelle ausschmückt und erweitert. Außerdem kann sich Geoffrey in der Frage des Alters des ihm von Walter zur Verfügung gestellten „gewissen Buches" getäuscht haben.

Nachweisbar ist, daß Geoffrey Material von Vergil, Gildas, Prosper, Beda und Nennius verarbeitet hat. Sein Bericht von Artus' Schlachten scheint eine Ausschmückung der von Nennius aufgestellten Liste zu sein, obwohl nicht ausgeschlossen werden kann, daß sich Geoffrey einer inzwischen verschollenen anderen Quelle bediente. Viele der Schriften und Chroniken jener Zeit sind inzwischen verlorengegangen. Immerhin erkannte der ursprünglich skeptische William von Malmesbury, ein angesehener Geschichtsschreiber, wenige Jahre vor der Abfassung von Geoffreys „History" Artus' historische Existenz an – nach ausgedehnten Studien in der heute nicht mehr existierenden Klosterbibliothek von Glastonbury. Mit Sicherheit hat Geoffrey die in seinen Quellen gebotenen Schilderungen stark erweitert und ausgeschmückt. Seine Vorliebe für keltische Volkserzählungen und für das Übernatürliche (wie etwa die Episode des Riesen von Mont-Saint-Michel zeigt) brachte ihn bereits bei vielen seiner seriöseren Zeitgenossen in Mißkredit. So berichtet Gerald von Wales, wie ein Patient durch Auflegen einer Bibel von teuflischer Besessenheit geheilt worden sei. Als man aber die Bibel auf seinem Brustkorb durch ein Exemplar von Geoffreys Buch ersetzt habe, hätten die Anfälle aufs Neue begonnen. Historiker tun also gut daran, Geoffrey kritisch zu begegnen, sollten aber nicht den Fehler begehen, ihn zu ignorieren.

Geoffrey scheint sein ganzes Leben lang Interesse an der Figur des Merlin gezeigt zu haben. Sein frühestes bekanntes Werk besteht aus einer Reihe „Prophezeiungen des Merlin", die er später in seine „History" integrierte. Außerdem ersetzt er bei der Adaption einer Erzählung des Nennius Ambrosius durch Merlin. In Geoffreys Geschichte ist es der junge Merlin, der vor König Vortigern gebracht wird und geopfert werden soll, um den Bau von Vortigerns Burg bei Dinas Emrys zu weihen (ein nach Ambrosius benannter Ort, Ambrosius' walisischer Name lautet Emrys). Merlins beeindruckende Diagnose, die Festung breche immer wieder in sich zusammen, weil sie über einem unterirdischen Wasserbecken errichtet worden sei, in welchem sich zwei Drachen bekämpften – sie stehen für Kelten und Sachsen – sichert ihm jedoch eine Anstellung als eine Art postdruidischer Ratgeber am Hofe Vortigerns und seiner Nachfolger Ambrosius, Uther und Artus. Nach Geoffreys Version ist Merlins Empfängnis zudem Resultat der Verführung einer Nonne durch einen teuflischen Inkubus. In diesem Punkt gibt es inhaltliche Überschneidungen mit dem Merlin des burgundischen Dichters Robert de Boron. Dessen Werk wurde gegen Ende des 12. Jahrhunderts verfaßt. Beide Autoren versuchen möglicherweise, magische Kräfte, die traditionell den Druiden zugeschrieben werden und auf die keltische Religion zurückgehen, im christlichen Kontext zu erklären.

Seinen Quellen, den alten Chroniken, folgend, läßt Geoffrey Ambrosius den Gegenschlag gegen Hengist und die Sachsen anführen. Allerdings fügt er Uther Pendragon als Ambrosius' Bruder, Nachfolger und als Artus' Vater ein; in Geoffreys Geschichte kehren die Brüder aus dem Exil in der Bretagne zurück. Nur wenige Historiker haben die Existenz Uthers nachzuweisen versucht. Er wird allerdings in einem frühen walisischen Gedicht erwähnt. Außerdem gibt es eine kumbrische Überlieferung, nach der Schloß Pendragon in Cumbria an der Stelle einer älteren, von Uther errichteten Befestigung steht. Dessen Versuche, den Fluß Eden umzuleiten, um einen Burggraben zu bilden, inspirierten angeblich einen regional bekannten Reim:

> Let Uther Pendragon do what he can,
> Eden will run where Eden ran.

Frei übersetzt also:

> Uther Pendragon kann tun, was er will,
> der Fluß Eden wird sein Bett nicht verlassen.

Die immer noch existierenden Ruinen Pendragons sind die Überreste der von Hugh de Morville, einem der Mörder Beckets errichteten Burg. In Malorys „König Artus" wird das Schloß als Geschenk Lanzelots an einen verdienten Ritter erwähnt. Der Name Cumbria ist keltisch, er bedeutet „Land der Cymri". Die

einheimische Bevölkerung bestand bis zum Eindringen der
Dänen und Norweger weitgehend aus Kelten. Noch heute sind
dort viele keltische Traditionen erhalten.

Zu Merlins Wunderwerken in Geoffreys Geschichte gehört
auch die Versetzung des als „Tanz der Riesen" bekannten Monu-
ments von Stonehenge von Irland an seinen heutigen Platz. Es
soll nach Geoffrey an die 300 Adligen erinnern, die der Sachsen-
häuptling Hengist dort ermorden ließ. Merlins berühmteste
Leistung jedoch ist das Arrangement von Artus' Empfängnis. In
Geoffreys Geschichte ist der Herzog von Cornwall Uthers
rechte Hand. Diese Verbindung reicht bis in Artus' Zeit. Dessen
wichtigste Stütze ist Cador von Cornwall, ein historischer König
von Dumnonia und Vater von Artus' „Nachfolger" Konstantin,
der bei Gildas Erwähnung findet. Auf der Basis seiner bretonischen oder kornischen Quellen könnte sich Geoffrey hier möglicherweise auf ein historisches Bündnis zwischen Artus, seinen
Nachfolgern und dem Königreich von Dumnonia beziehen.
Nach Geoffreys Bericht zerbricht nun die Allianz zwischen
Uther und dem Herzog von Cornwall, weil sich Uther während
eines Festmahls in London in Gorlois' Frau Ygerna verliebt.
Gorlois flieht mit seiner Frau zurück in sein kornisches Reich,
wo er sich verschanzt und auf Unterstützung aus Irland wartet.
Uther verfolgt ihn mit seiner Armee:

> Er ließ sie am Ufer des Meeres in Schloß Tintagel zurück,
> das er für die sicherste Zufluchtsstätte hielt. Er selbst be-
> gab sich in die Festung Dimilioc, damit sie nicht beide,
> wenn das Unglück über sie käme, zugleich gefährdet wä-
> ren. Als das dem König berichtet wurde, begab er sich zu
> dem Bollwerk, in dem sich Gorlois befand, belagerte es
> und versperrte jeden Zugang zu ihm.

Ulfin berichtet Uther dann, daß Tintagel uneinnehmbar ist:

> [Wie können wir] an sie innerhalb der Burg Tintagel her-
> ankommen, wenn keine Macht dahin vorzudringen ver-
> mag? Die Burg liegt nämlich am Meer und ist von ihm auf
> allen Seiten umschlossen, und es gibt keinen anderen Zu-
> gang als den, welche eine Felsenge bietet. Den können
> schon drei bewaffnete Krieger sichern, auch wenn du dort
> mit dem ganzen Königreich Britannien aufmarschiertest.

Uther muß also auf überirdische Kräfte zurückgreifen; Merlins Zauberkunst verwandelt ihn in Gorlois' Ebenbild, damit er mit Ygerna den künftigen König Artus zeugen kann. Wir befinden uns hier im sagenhaften Bereich keltischer Gestaltwandlerei und begegnen einem wiederkehrenden Motiv europäischer Mythen: Ein Gott nimmt menschliche Gestalt an, um einen Helden zu zeugen. Auf rein praktischer Ebene vermag Geoffreys Erzählung indes nicht zu überzeugen. Gorlois' Tod in der Nacht von Artus' Empfängnis macht die Verwandlung Uthers eigentlich unnötig, zumal er anschließend Ygerna heiratet. Diese scheinbare Schwachstelle in Geoffreys Geschichte verweist darauf, daß ihr Autor sie nicht selbst konstruierte, sondern wohl eher versuchte, Unterschiedliches miteinander zu verknüpfen: Mythos und historische Legende.

Die angeführte Episode kann womöglich als Indiz für Zweifel des Autors an Artus' Abstammung aus königlichem oder auch nur adligem Geschlecht gelten. Geoffrey bemüht sich offenbar, für Artus einen Stammbaum konstruieren, der dessen Bezeichnung als *tyrannus* in den walisischen Heiligenlegenden im nachhinein rechtfertigt. Ein solches Legitimationsbedürfnis könnte bis in Artus' Zeit zurückreichen, spiegelt möglicherweise aber nur die Tendenz von Erzählern innerhalb der Überlieferungskette wider, den Stammbaum ihres Helden durch übernatürliche Geburt, königliches Blut und eheliche Abstammung aufzuwerten. Das Tintagel-Szenario führt ferner zum Problem von Artus' unehelicher Empfängnis bzw. Geburt, das dann die französischen Romandichter und später Malory besonders herausstellten. Wurde Artus gezeugt, als Gorlois noch am Leben war, war er ein uneheliches Kind und als solches gemäß der französischen und englischen Gepflogenheiten späterer Zeiten nicht erbfolgeberechtigt. War Gorlois bei Artus' Empfängnis jedoch schon tot, konnte das Kind durch die folgende Heirat der Eltern legitimiert werden. Daß Geoffrey diesem Punkt weniger Beachtung als die nachfolgenden Autoren schenkt, könnte darauf hinweisen, daß sich seinen Zeitgenossen die Problematik einer rechtmäßigen Geburt bzw. Thronfolge noch nicht eröffnete, denn immerhin erbte Wilhelm der Eroberer als unehelich Gezeugter damals den Thron der Normandie.

Die mythischen Elemente von Artus' Empfängnis haben die meisten Historiker zu dem Schluß geführt, daß die Verknüp-

Die Burganlage von Tintagel.

fung seines Namens mit dem Ort Tintagel eine reine Erfindung Geoffeys ist. In der Regel wird angenommen, Geoffrey habe einige Zeit an der Küste des nördlichen Cornwall verbracht, dort eine im Bau befindliche Normannenburg gesehen und beschlossen, diese könne einen guten Schauplatz für seine Erzählung von Artus' Geburt abgeben. Viele Forscher, die sich früher mit Tintagel befaßten, schlossen die Möglichkeit einer in keltischen oder noch weiter zurückliegenden Zeiten errichteten Befestigungsanlage aus und maßen diesem Ort für den römisch-keltischen Zeitabschnitt keinerlei historische Bedeutung zu. Nachdem zwei römische Meilensteine in der Nähe der Straße von Trevena nach Boscastle entdeckt wurden, sprachen sich allerdings mehrere, aus der Region stammende Forscher zugunsten einer römischen Vergangenheit Tintagels aus. In den 1930er Jahren führte Ralegh Radford auf dem Gelände von Tintagel Ausgrabungen durch und deutete einige überwucherte Gebäude außerhalb der Schloßmauern als mögliche Überreste eines keltischen Klosters. In den vergangenen 20 Jahren wurden in Tintagel schließlich aufsehenerregende Entdeckungen gemacht.

Eine wissenschaftliche Beurteilung dieser Funde hat Charles Thomas unter dem Titel „Tintagel: Arthur and Archaeology" veröffentlicht. Thomas gelangt darin zu dem Schluß, daß die Burg Tintagel erst um 1230 für Richard, Graf von Cornwall,

Überreste einer Kirche aus dem 10. Jahrhundert auf dem Felsplateau oberhalb der Burg von Tintagel.

errichtet wurde, und zwar nicht aus strategischen Gesichtspunkten, sondern weil sich der gebildete Adlige für die Artus-Legenden interessierte. An manchen Stellen scheinen sich unter den Ruinen aus dem 13. Jahrhundert Spuren früherer Bauten feststellen zu lassen. Der Fall Tintagel ist also noch nicht endgültig geklärt. Jedenfalls befand sich dort nach Charles Thomas aber keine Normannenburg, die Geoffrey von Monmouth im 12. Jahrhundert bei einem Besuch der Stätte als Vorbild hätte dienen können. Thomas erwähnt jedoch die Überreste eines Grabens aus nach-römischer Zeit, der auf eine keltische Befestigungsanlage an diesem Ort hinweist. Die Existenz eines Klosters in Tintagel kann zwar mittlerweile ausgeschlossen werden, einige der Steingebäude, darunter eine Kapelle auf der über das Meer hinausragenden Landzunge, befanden sich dort schon zu Geoffreys Zeit. Ein Brand auf der Landzunge brachte 1983 zudem Spuren vieler auf Schieferfundamenten errichteter Holzbauten ans Tageslicht. Diese Gebäude könnten bis ins 5. Jahrhundert zurückreichen. Eine genaue Datierung bedarf allerdings weiterer Ausgrabungen. In der Kapelle befindliche christliche Grabhügel aus dem 5. oder 6. Jahrhundert sprechen dafür, daß der Ort als befestigtes Lager eines christlichen Keltenhäuptlings in Dumnonia diente. Literatur und Legenden verbinden Tintagel sowohl mit König Marke (dem Onkel und Rivalen Tristans, d.Ü.) als auch mit Gorlois. Vielfache Keramikfunde lassen letztlich auch Rückschlüsse auf Tintagels Bedeutung zur Römerzeit, etwa als Handelsposten, zu.

Thomas' Veröffentlichung bietet wertvolle Hilfe bei der Beurteilung Tintagels. Sie widerlegt falsche Vorstellungen und gibt einen Ausblick auf die noch zu lösenden Fragen. Thomas zeigt, daß Tintagel in Artus' Zeit wahrscheinlich der wichtigste Ort in Cornwall war; allem Anschein nach ein römischer Handelsposten, der mit dem Lager eines keltischen Anführers in Verbindung stand oder sich allmählich zu einem solchen entwickelte. Thomas sieht allerdings keinen direkten Zusammenhang zwischen Tintagel und Artus. Aber legen die neuen Erkenntnisse, darunter Thomas' eigene Schlüsse, nicht einen „Diskurs" (um einen Terminus seines Buches zu verwenden) über eine Verbindung Tintagels mit Artus, zumindest im Bereich der mündlichen Überlieferung, nahe? Ist es nicht wahrscheinlicher, daß Geoffrey von Monmouth von einem solchen Zusammenhang gelesen haben könnte, anstatt ihn selbst zu erfinden? Geoffreys Beschreibung liest sich wie der Bericht eines Augenzeugen, wurde aber möglicherweise älteren Quellen entnommen. Vielleicht besuchte Geoffrey Tintagel auch, weil seine Neugier geweckt worden war? Allem Anschein nach war ihm jedenfalls die herausragende Bedeutung Tintagels zu Artus' Zeit bekannt, während heutige Historiker diese gerade erst wieder zu entdecken beginnen.

Ein weiteres Element der Artus-Geschichte, das zum ersten Mal bei Geoffrey auftaucht, ist der außergewöhnliche Sieg Artus' über den römischen Kaiser Lucius. Der Gedanke drängt sich auf, daß Geoffrey hier bretonische Quellen verarbeitet, die sich vorrangig mit Geschehnissen auf dem europäischen Festland beschäftigen. Möglicherweise finden dabei aber auch Erinnerungen an die militärischen Unternehmungen früherer Anführer des römischen Britannien ihren literarischen Niederschlag, etwa an die des römischen Befehlshabers Maximus, der Truppen aus Britannien gegen den weströmischen Kaiser ins Feld führte, diesen besiegte, tötete und ihm auf dem Thron folgte. Allerdings gibt es in – schwer zu datierenden – walisischen Gedichten tatsächlich einige Verweise auf einen Feldzug Artus' auf dem Kontinent. Die betreffenden Manuskripte wurden nach Geoffreys Tod abgefaßt, die Gedichte selbst könnten jedoch schon vor seiner Zeit entstanden sein und eine von Geoffreys Werk unabhängige walisische Tradition reflektieren.

Geoffrey legt Artus' gallische Kriege jedenfalls in die Regierungszeit des byzantinischen Kaisers Leo I. (457-474 n.Chr.), was jedoch allen anderen uns zur Verfügung stehenden Zeitangaben über Artus' Leben und Geoffreys eigener, bereits in anderem Zusammenhang erwähnter Datierung von Artus' Tod auf das Jahr 542 widerspricht:

> Artus selbst, unser berühmter König, wurde tödlich verwundet und zur Insel Avalon gebracht, um seine Wunden behandeln zu lassen. Er übergab die Krone Britanniens seinem Cousin Konstantin, dem Sohn Cadors, des Herzogs von Cornwall: Dies geschah im Jahre 542 nach der Geburt Unseres Herrn.

Zu jener Zeit herrschte der historische Konstantin tatsächlich über ein kleines Reich im Westen Britanniens. Und noch etwas gilt es festzuhalten: An der zitierten Stelle findet sich bei Geoffrey der erste Hinweis auf Avalon, die Insel der Äpfel, eine Erscheinungsform der keltischen Anderswelt. In Geoffreys späterem Werk „Vita Merlini" gibt der Barde Taliesin eine ausführliche Beschreibung der Insel:

> Die Insel der Äpfel wird von den Menschen die Glückliche Insel genannt, weil sie alles hervorbringt, was man zum Leben braucht. Die Felder dort müssen nicht von Bauern bestellt werden. Die Natur stellt alles ohne menschliches Zutun zur Verfügung. Getreide und Trauben wachsen ohne Pflege, Apfelbäume stehen in den Wäldern [...]. Die Erde bringt von selbst alles im Überfluß hervor [...]. Dorthin brachten wir den verwundeten Artus nach der Schlacht von Camlann [...], und Morgan erwies uns beim Empfang die angemessene Ehre. Sie legte den König auf ein goldenes Bett in ihrem eigenen Gemach, entblößte die Wunde mit ihrer eigenen edlen Hand und betrachtete sie lange Zeit. Schließlich sagte sie, Artus könne seine Gesundheit wiedererlangen, wenn er lange Zeit bei ihr bliebe und sich ihrer Heilkunst überlassen würde. Freudig überließen wir den König daher ihrer Pflege und kehrten zurück, unsere Segel vor die uns günstigen Winde gespannt.

Abbildung eines heute zerstörten römischen Bauwerks bei Stenhousemuir in Stirlingshire, das als Arthur's Oven („Artus' Ofen") bekannt wurde.

Diesem Bericht entspringt auch die Legende vom „Once and Future King", dem „einstigen und künftigen König", auf die in der walisischen Dichtung ebenfalls indirekt Bezug genommen wird. Einen interessanten, hinsichtlich Geoffreys Erzählung annähernd zeitgenössischen Hinweis auf bretonische und kornische Überzeugungen von Artus' Wiederkehr liefert Hermann de Tournai. Er berichtet im Jahre 1146 über eine Englandreise von Geistlichen aus Laon. 1113 brachten diese den wundertätigen Schrein Unserer Lieben Frau von Laon mit auf die Insel, um Spenden zu sammeln. In Devon sagte man ihnen, sie befänden sich im Lande König Artus', und zeigte ihnen „Artus' Stuhl" und „Artus' Ofen". Bei Bodmin kam es dann mit einem Mann mit verkrüppeltem Arm zum Streit: „So wie die Bretonen sich gewöhnlich mit den Franzosen über König Artus streiten", versteifte sich der Mann auf die Behauptung, Artus sei noch am Leben. Ein Kampf entbrannte, durch den die Gottesmutter beleidigt wurde und deshalb den streitlustigen Mann nicht heilte.

6. Glastonbury und Avalon

Am Ende des letzten Kapitels sahen wir, wie Artus allmählich zum „einstigen und künftigen König" der keltischen Sagenwelt wurde. Die sterbende und in der Anderswelt wiedererstehende Figur entspringt keltisch-heidnischen Vorstellungen und ist weit älter als das Bild des christlichen Artus, überschneidet sich allerdings mit der christlichen Idee der Wiederkehr von den Toten. Der historische Artus war mit ziemlicher Sicherheit ein christlicher Herrscher. Als solcher erscheint er in fast allen literarischen Bearbeitungen seines Mythos – von den mittelalterlichen Ritterromanen bis hin zu Tennysons „Königsidyllen", die ihn als christusähnliche Gestalt zeigen. Die Vorstellung der Wiederkehr von den Toten ist in den Mythen der unterschiedlichsten Völker in der ganzen Welt tief verwurzelt und reflektiert anscheinend ein archetypisches Bedürfnis der Menschheit. Diesem Bedürfnis wird der Artus der Sage gerecht. Seine mythologische Dimension erhebt ihn über andere legendäre Heldenfiguren wie etwa Alfred den Großen.

Die Kelten stellten sich Avalon, die Jenseitsinsel, ursprünglich wohl nicht als realen, geographisch fixierten Ort vor. Miranda Green zufolge entstammt die Idee von Avalon möglicherweise der irischen Mythologie. Dort herrscht der Meeresgott Manannan über eine Insel in der Anderswelt namens Emhain Ablach, also „Emhain von den Apfelbäumen". Eine „Ynis (Insel) Avallach" erscheint auch in der walisischen Dichtung. Eine kumbrische Legende berichtet von einem Herrscher namens Avallach, dessen Schloß sich auf einem See in der Anderswelt befindet. Im Jahre 1191 verkündete dann der Abt von Glastonbury den staunenden Zeitgenossen die Entdeckung der sterblichen Überreste von Artus und Ginevra auf dem alten Mönchsfriedhof des Klosters. Es scheint sich dabei allerdings um eine der großen Fälschungen zu handeln, durch die sich die Abtei im Mittelalter ohnehin hervortat. Zu den Gebeinen gehörte ein kleines Kreuz aus Blei, das den Bestattungsort als „Insel Avalon" identifizierte. Hintergrund dieses spektakulären Fundes dürften drängende finanzielle Probleme der Abtei gewesen zu sein. 1184 hatte eine Feuersbrunst die „Alte Kirche" St. Mary und die meisten anderen Gebäude des Klosters einschließlich der Bücherei und vieler Bücher zer-

Die Ruinen der Abtei von Glastonbury: das Längsschiff und der alte Mönchsfriedhof, auf dem angeblich Artus' Gebeine entdeckt wurden.

stört. Die Führung der Abtei wandte sich mit der Bitte um Aufbauhilfe oder finanzielle Unterstützung an König Heinrich II. Dieser gestattete daraufhin dem Kloster, an seiner Stelle Steuern zu erheben; offenbar beauftragte er die Mönche auch, König Artus' Überreste zu „finden", um mit deren Hilfe zahlungskräftige Besucher nach Glastonbury zu locken. Heinrich gab an, „ein alter walisischer Barde" habe ihn über die Lage der Grabstätte unterrichtet. Sollte dies zutreffen, so basierte die Anregung für die nun folgende, groß angelegte Fälschung einer älteren, keltischen Überlieferung, wonach Artus tatsächlich in Glastonbury begraben worden war.

Es muß als Ironie des Schicksals angesehen werden, daß ausgerechnet Gerald von Wales, jener Geschichtsschreiber, der die überbordende Phantasie des Geoffrey von Monmouth so hart kritisiert hatte, den frühesten Bericht über die in Glastonbury getätigte Entdeckung verfaßte und dabei einem Schwindel aufsaß, der in seinem Ausmaß alle Geschichtsfälschungen, die je aus Geoffreys Feder geflossen waren, bei weitem überstieg. Die folgende Übersetzung gibt Geralds Bericht, der wenige Monate nach der Ausgrabung entstand, aus dem Lateinischen wieder:

> König Artus' Leichnam wurde in unserer Zeit in Glastonbury entdeckt, zwischen zwei Steinpyramiden in einer hohlen Eiche tief in der Erde begraben [...]. Im Grab be-

fand sich ein Kreuz aus Blei [...], an der Unterseite des Steins befestigt [...]. Ich habe die darauf angebrachten Buchstaben berührt. Sie stehen nicht hervor, sondern sind in Richtung des Steins nach innen gewandt. Die Worte lauten: „Hier liegt der berühmte König Artus mit Ginevra, seiner zweiten Frau, auf der Insel Avalon begraben." [...] Zwei Drittel des Grabs enthielten die Knochen eines Mannes, während sich im verbleibenden Drittel am Fußende gesondert die Knochen der Frau befanden. Man entdeckte eine gelbe Strähne Frauenhaar, das bis jetzt seine Farbe und Frische behalten hatte; aber als ein bestimmter Mönch gierig danach griff, verwandelte es sich auf der Stelle zu Staub. [...] Artus' Gebeine waren so groß, das sein Schenkelknochen dem größten anwesenden Mann bei einem Vergleich noch gute drei Inch über das Knie herausragte [...]. Es gab mindestens zehn Wunden, die alle verheilt waren, bis auf eine, die größer als die anderen war und eine klaffende Lücke gerissen hatte.

Ein weiterer zeitgenössischer Chronist, Ralph von Coggeshall, sagt, die Leiche sei „in quodam vetustissimo sarcophago", also „in einem sehr alten Sarkophag" begraben gewesen. Bei ihm fehlt jeder Hinweis auf Ginevras sterbliche Überreste oder ihren Namen auf dem Kreuz. Seine Version der Inschrift lautet:

Hic iacet inclitus rex Arturius
in insula Avallonis sepultus

Also:

Hier ruht der berühmte König Artus,
begraben auf der Insel Avalon.

Spätere Abschriften und Zeichnungen des Kreuzes geben ebenfalls keinen Hinweis auf Ginevra. Ralphs Version scheint daher plausibler als die von Gerald, obwohl Philip Rahtz und Antonia Gransden kürzlich – allerdings ohne Vorlage überzeugender Beweise – die These vertraten, Gerald sei Augenzeuge der Ausgrabung gewesen. Die Idee eines gemeinsamen Begräbnisses von Artus und Ginevra ist ungewöhnlich, wenn nicht gar einzigartig in der Artus-Überlieferung. Geralds Beschreibung des Grabfundes wird lediglich durch einen wesentlich später entstandenen Bericht vom Besuch König Eduards I. und seiner Frau Eleanor in der Abtei gestützt. Das Herrscherpaar begab sich 1278 nach Glastonbury, um einer Öffnung der Grabstätte und Umbettung der Gebeine beizuwohnen:

> Und dort fand man die riesenhaften Knochen von Artus und Ginevras Gebeine von wunderbarer Schönheit, getrennt in zwei mit ihren Abbildern und Wappen verzierten Schreinen bestattet.

Der Ort, an dem im 12. Jahrhundert die Mönche gruben, um Artus' Leichnam zu „entdecken", kann noch heute eindeutig identifiziert werden. Leslie Alcock faßt in seinem Werk „Arthur's Britain" die diesbezügliche Beweislage wie folgt zusammen:

> Aus der genauen Beschreibung des im 12. Jahrhundert lebenden Geschichtsschreibers William von Malmesbury geht hervor, daß die zwei „Pyramiden" zu beiden Seiten der Grabstätte in Wirklichkeit zwei aufrecht stehende, der Länge nach in vier bzw. fünf Abschnitte unterteilte Steinkreuze waren. Sie standen im alten Friedhof südlich der Lady's Chapel. Grabungen im Jahre 1962 legten ein Erdloch mit einem Durchmesser von 5 Fuß (~ 1,50 m, d.Ü.) frei, aus dem ein großes Kreuz entfernt worden sein könnte. 10 Fuß (~ 3 m) weiter südlich fanden sich Spuren eines alten Mausoleums, das im 10. Jahrhundert schon zerstört war. Zwischen Mausoleum und Loch entdeckte man Spuren einer großen, unregelmäßigen Grube, die zwischen 1180 und 1200 ausgehoben und kurz darauf wieder zugeschüttet wurde. Dieses recht genaue Datum läßt sich mit Hilfe von dort entdeckten Steinsplittern nachweisen, die bei Steinmetzarbeiten angefallen waren. Es handelt sich um Steine aus Doulton, die nur beim Bau der Lady's Chapel zwischen 1184 und 89 verwendet wurden. Die Steinsplitter haben an diesem Ort mit ziemlicher Sicherheit nicht längere Zeit gelegen. All dies deutet darauf hin, daß die unregelmäßige Grube diejenige war, aus der 1191 die Knochen geborgen wurden, die man als Gebeine von Artus und Ginevra ausgab.

Zeichnung des 1191 in Glastonbury gefundenen Bleikreuzes.

113

Die Existenz des Bleikreuzes kann ebenfalls nachgewiesen werden. In Glastonbury tauchte es laut Philip Rahtz zuletzt im 17. Jahrhundert auf. Leslie Alcock und Geoffrey Ashe konnten seine Spuren bis ins benachbarte Wells verfolgen. Ashe zufolge befand es sich noch im 18. Jahrhundert im Besitz eines Mr. Hughes, eines Geistlichen der Kathedrale von Wells. Der Altertumsforscher John Leland sah das Kreuz im Jahre 1542 und bestätigte die von Gerald angefertigte Abschrift. Allerdings fehlt der Hinweis auf Ginevra. Camden führte es in den ersten fünf Ausgaben seiner „Britannia" (1586-1600) auf und veröffentlichte in der sechsten Ausgabe eine Zeichnung des Kreuzes. Leslie Alcock hat nun mit Hilfe der Abbildung die Inschrift des Kreuzes auf das 10. Jahrhundert datiert und nimmt an, daß es sich entweder um eine Fälschung oder um ein Erzeugnis aus der Zeit Dunstans, des großen Reformers des englischen Klosterwesens im 10. Jahrhundert, handelt. Alcock entwickelt nun die originelle These, daß Abt Dunstan bei seiner Erweiterung des Klosterfriedhofs Artus' Grab entdeckt habe, versehen mit einem einfachen, den Gepflogenheiten des 6. Jahrhunderts gemäßen lateinischen Hinweis, etwa: „Hier liegt Artus begraben". Alcock geht auch davon aus, daß Dunstan für die etwas ausführlichere Inschrift des unter seiner Ägide angefertigten Kreuzes verantwortlich war, welches dann die Mönche des 12. Jahrhunderts bei ihrer Ausgrabung entdeckten. Philip Rahtz vermutet hingegen, daß es sich bei der Beschriftung des Bleikreuzes um eine zeitgenössische, im Jahr der Ausgrabung angefertigte Arbeit handelt, und ist überzeugt, daß das Kreuz eine Fälschung ist: „Alle Versuche, die Echtheit des Kreuzes zu beweisen, entspringen dem Wunschdenken derer, die an Artus' Existenz und seine Verbindung mit Glastonbury glauben". Die „Arthurian Encyclopedia" weist darauf hin, daß „die im 12. Jahrhundert gebräuchliche lateinische Form des Namens Artus nicht wie auf dem Kreuz Arturius, sondern – wie bei Geoffrey von Monmouth – Arturus lautete. Bis 1191 findet sich die Bezeichnung Arturius nur in Adamnans ‚Life of St Columba' aus dem 7. Jahrhundert, wo dieser Name für Prinz Arthur von Argyll verwendet wird. Mit anderen Worten: Arturius erscheint nur als sehr frühe Form des Namens."

Philip Rahtz' Fälschungshypothese trifft vermutlich zu. Dennoch betont Alcock zu Recht die Verknüpfung von Artus' Namen mit Glastonbury schon vor der „Entdeckung" seines

Chalice Well, die „Quelle des Kelchs", in Glastonbury.

Grabs. Es sind nicht nur die diesbezüglichen Kenntnisse Heinrichs II. dokumentiert, auch Caradoc von Llancarfan verlegte die Entführung Ginevras nach Glastonbury, wie wir im Abschnitt über die Vitae der Heiligen gesehen haben. Andere frühe Erzählungen, die allerdings nur schwer datiert werden können, bringen Artus auch mit der Kapelle von Beckery bei Glastonbury in Verbindung, ebenso mit dem Scheintod Iders beim nahegelegenen Brent Knoll. Der Sage nach bezahlte Artus 24 Mönche aus Glastonbury, damit sie für Iders Seele beteten und schenkte Brent Knoll der Abtei. Der Konnex der Artus-Legende mit Glastonbury wird auch nicht dadurch widerlegt, daß die Entdeckung seines Grabes sich als Fälschung erweist. Vielmehr beruht die 1191 unternommene Ausgrabung möglicherweise auf entsprechenden Überlieferungen.

Höchst interessant wäre es auch zu erfahren, ob Glastonbury schon vor der „Entdeckung" von Artus' Grab als Ort mit Verbindung zur Anderswelt oder gar als Insel Avalon betrachtet wurde. Allem Anschein nach war der Ort in Artus' Tagen zeitweise fast ganz von Wasser umgeben. Weitere 400 Jahre früher existierte in

*Cadbury Castle. Die Ansicht der Hügelfestung von Norden zeichnete William
Stukeley 1723.*

den nahegelegenen Pfahlbautensiedlungen der Glastonbury
Lake Villages eine fortgeschrittene Kultur, deren Überlieferungen in die Avalon-Sage mit eingeflossen sein könnten. Die Legende vom Zusammentreffen des Heiligen Collen mit Gwnn
Ap Nudd, dem Sohn des Gottes Nodens (dessen Tempel sich
jenseits des Severn, in Lydney befand), die dem Erzengel und
Verteidiger des Christentums gewidmete Michaelskapelle auf
dem Glastonbury Tor und die mit Chalice Well, der „Quelle des
Kelchs", in Zusammenhang stehenden Sagen lassen vermuten,
daß Glastonbury ein alter keltischer Kultort war. In Chretien de
Troyes' „Lancelot" (1170) wird Ginevra – wie Persephone – in
die Anderswelt entführt. Vielleicht bezog sich ja Caradoc, als er
den Ort ihrer Entführung nach Glastonbury verlegte, auf eine
ihm bekannte Überlieferung, die Glastonbury mit der keltischen
Anderswelt in Verbindung brachte. In den Sagen erscheinen keltische Anderswelt-Zitadellen mitunter als gläserne Burgen.
Der keltische Name für Glastonbury lautete einer frühen Charta
zufolge (deren Datierung auf 601 n.Chr. jedoch umstritten ist)
denn auch Ynis-witrin, die Gläserne Insel.

Aber auch auf historischer Ebene gibt es mögliche Verbindungen zwischen Artus und Glastonbury. Wenn Artus' Basis
die Hügelfestung von South Cadbury war, und wenn er dort
tatsächlich getötet wurde (in der Nähe des Hügels liegt das Bett
des Flüßchens Cam, nach dem die Schlacht von Camlann be-
nannt worden sein könnte), dann war Glastonbury die nächste
bedeutende christliche Stätte, um eine so berühmte Person zu
begraben. Auf dem Weg dorthin könnte sein Leichnam sogar
einen Teil der Strecke in einem Boot befördert worden sein.

6. Französische Ritterromane und höfischer Liebeskult

Der „Roman de Brut" des normannischen Dichters Robert Wace, gegen Mitte des 12. Jahrhunderts verfaßt, inspirierte ein ganzes literarisches Genre. Wir kennen es heute unter der Bezeichnung Artus-Romane. Geschrieben wurde der „Roman de Brut" für eine der reichsten und mächtigsten Frauen in Europa. Er war Eleanor von Aquitanien gewidmet, die gerade mit Heinrich Plantagenet vermählt worden war, dem Grafen von Anjou, Förderer von Wace und Geoffrey von Monmouth.

Zu Königin Eleanors Zeit war die kulturelle Identität Frankreichs gerade erst im Entstehen begriffen. Im Mittelpunkt dieser Entwicklung stand die Kirche mit ihrer lateinischen Kultur. Viele der Kloster- und Domschulen in Burgund und der Normandie, darunter Chartres, Paris, Auxerre, Poitiers, Reims und Tours, waren bereits etablierte Zentren des Wissens. Es waren allerdings die großen französisch-sprechenden Höfe, an denen unter der Schirmherrschaft des hohen und mittleren Adels die weltliche Kultur in den zwei gesprochenen Sprachen – der Langue d'oc des Südens und der Langue d'oïl des Nordens – gefördert wurde. Hier entstanden auch die Ritterromane. Das Wort *Roman* verweist auf ein Werk in der altfranzösischen Sprache, die sich aus einem Dialekt des Lateinischen, der Sprache der Römer, herausgebildet hatte. Vor allem an den Höfen Eleanors und ihrer Kinder entstanden die neuen Romane über Artus und seine Ritter und wurden dort zur Unterhaltung der Adelsgesellschaft vorgetragen.

Vor dem Erscheinen der Romane Mitte des 12. Jahrhunderts bestand die literarische Unterhaltung am Hofe im wesentlichen aus Erzählungen heroischer Abenteuer und der Rezitation großer Versepen über kriegerische Helden, den *chansons de geste*. Darin wurde religiöses Erleben verherrlicht, das Gefühl der Stammeszusammengehörigkeit beschworen sowie edle Gesinnung und Treue zum Lehnsherrn propagiert. Die neuen Romane ersetzten allmählich diese althergebrachten Versepen. Obwohl sie weiterhin den heroischen Verhaltenskodex der alten Kriegergesellschaften reflektierten, hatten sie eine andere Ausrichtung und wurden in der Regel als episodische Folge von Erzählungen dargeboten, in denen der Dichter glänzende Turniere oder zur Rettung einer edlen Dame unternommene Fahrten beschrieb. In der Welt der Romane spiegelte sich ein höfisch-ritterliches Zeitalter, zu dessen Idealen höflicher Umgang mit den Standesgenossen und erlesene Manieren gehörten. Zusätzlich flossen Elemente aus den uralten mythischen Erzählungen der *conteurs* mit ein, der keltischen Geschichtenerzähler an den französischen Höfen. Dazu gehörten Beschreibungen einer magischen Welt der Zaubersprüche und Verwünschungen, voller Riesen und Drachen, trügerischer Schlösser und schöner Frauen, die unter der Oberfläche von Seen und Flüssen zu Hause waren.

Die neue Dichtung unterschied sich aber auch in der Form ihres Vortrags von den *chansons de geste*. Bei ihrer zeremoniellen Aufführung in den großen Hallen der Burgen waren diese epischen Gedichte vor einer alle sozialen Klassen umfassenden Menschenmenge in übertrieben dramatischer Form rezitiert worden. Die neuen Romane – bis zum Beginn des 13. Jahrhunderts in Versen abgefaßt, danach kam die Prosaform in Mode – wurden in den Privatgemächern der Fürsten einer gebildeten, erlesenen Zuhörerschaft vorgestellt. Die Vertrautheit einer solchen Zusammenkunft ermöglichte Variationen im Vortrag sowie das Erfassen subtiler Nuancen und unterschiedlicher Bedeutungsebenen im Text. Außerdem wurde ein neues Element eingeführt, das den großen Heldenepen als von Heldentum und Kameradschaft handelnden Männergeschichten fremd war: die Liebe zwischen Mann und Frau. Dies erfolgte unter dem Einfluß der Gedichte und Lieder, die von den Troubadours an den Fürstenhöfen der Provence vorgetragen wurden.

Die Verfasser der neuen Artus-Romane sorgten sich wenig um historische Genauigkeit. Der Heerführer Artus, der die angelsächsische Eroberung des westlichen Britannien durch glänzende Siege in der Mitte des 6. Jahrhunderts vorübergehend aufgehalten hatte, wandelte sich in den Vers- und Prosaerzählungen des 12. und 13. Jahrhunderts zu einem zeitgenössischen Ritterkönig. Artus wurde mit einer keltischen Heldensagen entlehnten Biographie ausgestattet, zu deren festen Bestandteilen eine geheimnisumwitterte Abstammung nach mythischem Vorbild, eine weitgehend im Verborgenen zugebrachte Kindheit und das Bestehen sagenhafter Abenteuer gehörten. In die letzte Kategorie fällt beispielsweise die Geschichte vom Zauberschwert, das Artus aus dem Stein ziehen muß, um seinen Anspruch auf die Königswürde zu untermauern. Als König der Briten führt er in den neuen Erzählungen siegreiche Feldzüge durch ganz Europa. Sein glänzender Hof, aristokratisch und christlich geprägt, setzt sich aus zwölf Rittern der Tafelrunde zusammen, die den zwölf Aposteln Christi nachempfunden sind. Zwei weitere wichtige Bestandteile von Artus' Geschichte, wiederum keltischen Ursprungs, sind die Rebellion des Sohnes seiner Schwester – dazu gehört auch die Entführung seiner Königin durch diesen Neffen – und seine tödliche Verwundung, woraufhin er mit einer Barke zu einer von drei Königinnen regierten Insel in der Anderswelt gebracht wird. Dort wartet er auf seine Rückkehr in die Welt der Lebenden.

Der Fürstenhof, der mit der Entwicklung der Artus-Romane primär in Verbindung gebracht wird, ist der große Hof von Troyes in der Champagne, über den Marie von der Champagne, Tochter Eleanors von Aquitanien und ihres ersten Gemahls, Ludwigs VI., gemeinsam mit ihrem Gatten Heinrich Vorsitz führte. Dieser erlangte weithin Berühmtheit als Ausrichter prachtvoller Ritterspiele, höchst gefährlicher Turniere, die jedoch hervorragende, glänzende Unterhaltung boten und oft mehrere Tage andauerten. Die Mitglieder des Hofes widmeten sich tagsüber dem Weidwerk, in den Kreisen des Adels war dies vor allem die Falknerei, abends folgten auf ein Festmahl Tanz und Unterhaltung durch Musiker und Poeten.

An diesem Hof verfaßte der größte Dichter jener Zeit, Chretien de Troyes (1135-1183), für das Fürstenpaar, seine Schirmherren und Förderer, eine Reihe von Versromanen, die sich speziell mit den Erlebnissen Artus' und seiner Ritter beschäftigten. Er porträtierte Artus, den König der Briten, und die Mitglieder der Tafelrunde als ritterliche Edelleute des 12. Jahrhunderts, in denen sich die idealen Eigenschaften kriegerischer Helden – Aggressivität, Wildheit und unwandelbare Treue zum Lehnsherrn – mit galanter Höflichkeit, Güte und christlicher Bescheidenheit vereinten. In dieses Bild floß das Konzept des höfischen Liebhabers und der höfischen Liebe mit ein.

Der Begriff der höfischen Liebe stammt aus den provenzalischen Fürstenhöfen des späten 11. und frühen 12. Jahrhunderts. In den Adelskreisen von Aquitanien, der Auvergne und Poitou entwickelte sich der höfische Liebeskult zur bevorzugten Form der Unterhaltung. Man bediente sich dort einer eigenen Form des Französischen, der Langue d'oc, die sich von der Langue d'oïl, dem Französisch des Nordens, beträchtlich unterschied. Die Fürsten im Süden Frankreichs waren durch den Kontakt mit der Kultur ihrer gebildeten arabischen Nachbarn im maurischen Spanien entscheidend beeinflußt worden. An ihren Höfen förderten sie die Kunst der Troubadours, jener Dichter, die ihre Verse und Prosatexte zu musikalischer Begleitung rezitierten und von einer Burg zur nächsten zogen, um die Adligen und Reichen zu unterhalten. Die Werke der Troubadours enthielten ursprünglich Elemente von Sagen und Legenden und verherrlichten die Taten heldenhafter Krieger. Unter dem Einfluß der maurisch-arabischen Poesie entstand jedoch allmählich eine neue Form der Dichtung, mit der die Troubadours heute noch identifiziert werden: Liebesgedichte, deren erotische Inhalte in der Regel unter einem spirituellen Deckmantel verborgen lagen. Im Mittelpunkt der Dichtung stand immer die angebetete Dame. Ihre außergewöhnliche Schönheit, hohe Stellung und hervorragende Tugend konnten so übersteigert dargestellt werden, daß sie als Göttin erschien, zu ihren Füßen ihr Liebhaber, der jeder ihrer Launen gehorchte, ein bewundernder, demütiger und oft erbärmlich und verachtenswert erscheinender Anbeter. Die Troubadours bedienten sich eines religiösen Vokabulars, um die Erhabenheit der Liebe zu besingen und die erotische Stimmung ihrer Verse zu steigern.

Man nimmt an, daß das Ritual der höfischen Liebe ursprünglich das Verhältnis eines Vasallen zu seinem fürstlichen Lehnsherrn parodierte. Bei seinem Treueid schwor der Vasall, seinem Herrn bis zum Tod gehorsam zu sein, ihm zu dienen und ihn zu beschützen. In der höfischen Liebesdichtung hatte ein Ritter nun zwei Herren: den Gott der Liebe und die geliebte Dame. Entsprechend wurde die Dame in poetischer Sprache oft als *mi dons*, also „mein Herr", angesprochen. Die im Konzept der höfischen Liebe implizierte Vorstellung, ein Mann solle eine ihm fremde Frau vergöttern, ihr nachstellen und den Hof machen, stellte – selbst wenn das Ideal der platonischen Liebe propagiert wurde – in einer angeblich auf fundamentalen christlichen Werten basierenden Gesellschaft eine provokante Neuentwicklung dar. Weil Ehen innerhalb der Fürstenhäuser soziale und politische Verträge verkörperten und nur selten auf persönlicher Wahl beruhten, mußte das Tolerieren höfischer Liebhaber zur potentiellen Gefahr werden.

Vieles spricht also dafür, daß der höfische Liebeskult von der gebildeten und möglicherweise respektlosen provenzalischen Adelsschicht des frühen 12. Jahrhunderts – später auch von den Adelsgesellschaften Nordfrankreichs – lediglich als amüsante literarische Parodie des Feudalsystems und des Marienkults aufgefaßt wurde. Zweifellos erkannte die Kirche die Gefahren, die dem Ausdruck romantischer Liebe innewohnten, einer Liebe, die in ihrer idealen Form zwar platonisch war, nämlich *amor de lohn*, also Liebe aus der Ferne, aber – wie die Popularität der Romanerzählungen über Tristan und Lancelot zeigt – Männer und Frauen durchaus dazu ermutigen konnte, ehebrecherische Liebe als gesellschaftlich anerkanntes Phänomen zu betrachten. Es muß für die Geistlichen ebenfalls offensichtlich gewesen sein, daß die Frauenverehrung zum Teil den Kult um die Heilige Jungfrau parodierte, denn die Dame wird in den Romanen nicht nur gepriesen: Sie wird im wahrsten Sinne des Worts angebetet, und ihre Gunst kann einen Ritter in einen ekstatischen „himmlischen Zustand" versetzen. In einigen Romanen wird eine Statue der erwählten Dame in einem Heiligtum verehrt. In Chretiens Geschichte kniet Lancelot sogar nieder, als er zum ersten Mal zum Bett der Königin gebracht wird, und bekreuzigt sich, als stünde er vor einer heiligen Reliquie.

Die bereits erwähnte leidenschaftliche Liebesgeschichte von Tristan und Isolde tauchte erstmals in den französischen Romanen des 12. Jahrhunderts auf und erfreute sich in ganz Europa rasch aufsehenerregender Beliebtheit. Obwohl die Geschichte Tristans vermutlich auf den alten Heldenerzählungen vom piktischen Drachentöter Drust oder Drustan beruht, wurde sie später umgeschrieben und um die Schilderung einer Liebesbeziehung erweitert. Teile der irischen Sage vom Heerführer Finn wurden dabei der ursprünglichen Geschichte hinzugefügt, besonders jene Abschnitte, die von Finns junger Ehefrau Grainne handeln, die sich mit Diarmaid, einem hervorragenden jungen Krieger Finns, einläßt. Die Liebenden fliehen, verstecken sich in einem Wald und trinken einen Zaubertrank, der sie für immer in Liebe aneinanderfesselt. Die Tristan-Legende erfuhr in den französischen Romanen aber auch noch weitere Änderungen. Dort wird Tristan – neben seiner Rolle als höfischer Liebhaber von König Markes Frau – häufig auch als edler Ritter und Mitglied von Artus' Tafelrunde dargestellt.

Lancelot als „Karrenritter" des Romans von Chretien de Troyes.

Die in unserem Zusammenhang ebenfalls bedeutsame Ge-
schichte des ehebrecherischen Verhältnisses von Lancelot und
Ginevra entstand auf Anregung Maries von der Champagne.
Diese schlug ihrem Hofdichter Chretien vor, Lancelot als höfischen Liebhaber seiner Königin zu porträtieren. Bis dahin hatte
Lancelot in den Romanerzählungen kaum eine Rolle gespielt
und war in keinerlei Beziehung zu Artus' Königin gestanden.
Chretien schrieb, um dem an ihn ergangenen Auftrag gerecht
zu werden, eine ältere Erzählung um. Das Ergebnis nannte er
„Chevalier de la charrette" – „Der Karrenritter". Darin präsen-
tierte er Lancelot als einen in allen Kriegskünsten geübten,
freundlichen, tapferen und edlen jungen Ritter an Artus' Hof.
Zu Beginn der Geschichte begibt sich Lancelot auf eine
gefährliche Fahrt: Er will die Königin aus den Klauen eines
bösartigen Fürsten befreien, der sie mit magischer Unterstützung von Artus' Hof entführt hat. Lancelot besteht eine Reihe
außergewöhnlicher Abenteuer, wobei sich zeigt, daß er alle
Eigenschaften eines höfischen Liebhabers besitzt, wie sie in den

Dichtungen der Troubadours und der Trouveres (der im Norden Frankreichs wirkenden Poeten) aufgezählt werden.

Lancelot ist von seiner Liebe zur Königin besessen – er bewundert und idealisiert die kapriziöse Dame und ist bereit, körperliche und seelische Qualen zu ertragen, in ihrem Dienst sein Gesicht, ja sogar sein Leben zu verlieren. Er ist entschlossen, sich selbst ihren oberflächlichsten Launen zu beugen. Zur Belohnung erweist ihm die Königin die Gnade, mit ihr das Bett teilen zu dürfen. Chretien konnte für ehebrecherische Beziehungen wenig Sympathie aufbringen, stellte die Liebe dennoch als edle und erhebende Leidenschaft dar. Nach ihrer Rückkehr an den Hof sind Lancelot und Ginevra zur Rolle heimlicher Liebhaber verdammt, immer auf die Gnade der *losengiers*, der eifersüchtigen Hofintriganten, angewiesen. Lancelot steht jedoch bis zum Ende seines Lebens treu zu seiner Liebe.

Dies ist der Inhalt des ersten Romans, der von Lancelot als Ritter und heimlichem Liebhaber der Königin handelt. Erstmals wird hier Ginevra auch als die *femme-dame*, als launische, eigensinnige und leidenschaftliche Adlige gezeichnet, die es wagt, einen der Ritter ihres Ehemanns zum höfischen Liebhaber zu nehmen. Fortan sollte die Beziehung zwischen Lancelot und Ginevra in den Artus-Romanen eine bedeutende Rolle spielen und allmählich derart weiterentwickelt werden, daß sie schließlich den Untergang der Tafelrunde auslöst. Bald schon standen die Namen der Liebenden – wie die von Tristan und Isolde – in ganz Europa als Synonym für eine zum Scheitern verurteilte Liebe.

8. Die Gralssuche

Charakter und Inhalte der Artus-Literatur änderten sich im späten 12. und frühen 13. Jahrhundert dramatisch. Die Autoren des Hochmittelalters schickten die Protagonisten ihrer Romane, die christlichen Ritter und Krieger aus Artus' Welt, nun auf die Suche nach einem geheimnisumwitterten wundertätigen Gegenstand: dem Heiligen Gral. Ursprünglich hatte das mittelalterliche Wort *gra'al* oder *graal* nur wenig mystische Bedeutung, sondern stand für eine Schale oder Platte – häufig von großem materiellen Wert – zur Aufnahme von Speisen. In der Regel waren dies Delikatessen, die auf besondere Weise für die Festtafel einer Burg oder einer großen Versammlung zubereitet wurden. Die Schale mit dem Festmahl wurde von einem Edelknaben oder einem höhergestellten Bediensteten getragen, begleitet von Helfern, die mit Beilagen und Soßen aufwarteten. Der *gra'al* war wahrscheinlich nicht für den täglichen Gebrauch bestimmt. Möglicherweise kam er nur bei besonderen weltlichen und religiösen Anlässen zum Einsatz, etwa an Geburts- und Namenstagen der Edelleute, an Feiertagen sowie an den großen Kirchenfesten Weihnachten und Ostern. In Verbindung mit dem Attribut „heilig" erfuhr das Wort *gra'al* aber einen Bedeutungswandel. Aus einer eher profanen Speiseplatte wurde in den Artus-Romanen ein feierlich verehrtes christliches Kultobjekt im Rang einer Reliquie.

Als Folge der Kreuzzüge hatte sich das religiöse Empfinden der west- und mitteleuropäischen Bevölkerung damals ohnehin bis zur Inbrunst gesteigert. Aus dem Nahen Osten tauchten immer mehr Objekte auf, die mit Leben und Tod Christi in Verbindung gebracht wurden. Dazu gehörte unter anderem die Lanze des Longinus, die man angeblich bei der Belagerung von Antiochia im Jahre 1098 entdeckt hatte. In den Artus-Romanen tritt sie dann in Gestalt der blutenden Lanze auf, die häufig zusammen mit dem Gral erscheint. Der Kontakt der christlich-abendländischen Kultur mit dem Heiligen Land brachte es so mit sich, daß die europäischen Kathedralen allmählich zu regelrechten Lagern für wundertätige Reliquien wurden. Man nahm an, daß diese von *virtus*, einer heilenden Kraft, durchdrungen waren, die von der Verbindung mit Christus und den Heiligen herrührte. Bis dahin unbekannte und sagenhafte Heiligengeschichten wurden als Tatsachenberichte veröffentlicht und akzeptiert, obwohl sie nur wenig mit der historischen Wirklichkeit übereinstimmten. Der neue religiöse Eifer schlug sich auch in der Reform vieler Klostergemeinschaften nieder. Neue Orden, darunter die Zisterzienser, praktizierten ein Leben in Buße, das nach dem Vorbild der legendären Kirchenväter aus der ägyptischen Wüste Fasten, Geißelungen und andere Formen der Selbstkasteiung beinhaltete. Gleichzeitig wurde die Jungfräulichkeit, ihrer Rolle im Marienkult entsprechend, zur Tugend erhoben. Christliche Glaubensvorstellungen und Verhaltensregeln bestimmten das Alltagsleben von Männern, Frauen und Kindern.

Erzählungen vom Heiligen Gral als einem christlichen Kultobjekt erscheinen in Europa zum ersten Mal in der zweiten Hälfte des 12. Jahrhunderts. Verwirrend muß uns heute erscheinen, daß es in der damaligen Literatur keine einheitliche, in den wesentlichen Merkmalen übereinstimmende Beschreibung des Grals gibt. Dieser bleibt ein rätselhaftes Objekt. Bei einigen Autoren ist der Gral die Schale, in der sich beim Letzen Abendmahl Christi und seiner Jünger das Fleisch des Paschalamms befand. Vertreter einer anderen Richtung, angefangen beim burgundischen Dichter Robert de Boron, betrachten den Gral gar als doppelt geheiligte Reliquie. Sie behaupten, die Schale des letzten Abendmahls habe Joseph von Arimathäa dazu gedient, die Blutstropfen aus den Wunden des gekreuzigten Christus aufzufangen. In ihren Erzählungen berichten diese Autoren, Joseph – im Evangelium selbst taucht er nur kurz auf als derjenige, der die Grablegung Christi veranlaßt hat – habe diese heilige Reliquie dann nach England gebracht. Seine Nachkommen treten in den Artus-Romanen als Hüter des Grals auf, die in der Gralsburg Corbenic auf die Ankunft des höchsten Gralskönigs warten.

Trotz aller Unterschiede treffen sich die einzelnen Versionen der Sagen vom *Sant Gra'al*, dem Heiligen Gral, in einem Punkt: Alle spielen sie in der mythischen Welt der Artus-Romane, die sich geographischen oder historischen Festlegungen entzieht. In allen Geschichten treten die führenden Ritter von König Artus' britischem Hof auf. Die Gralssagen erlangten in Europa große Beliebtheit. Sie wurden in eine Vielzahl von Sprachen übersetzt und prägten über Generationen hinweg Inhalt und Gestalt der Artus-Legenden. Wie die Psychologin und Mythenforscherin Emma Jung zu Recht festgestellt hat, liegt das bis heute andauernde Interesse an der Gralssage zum Teil darin begründet, daß diese „viele Züge enthält, denen wir auch in Mythen und Märchen begegnen; darüber hinaus aber hat sie viel weniger als letztere ihre Faszination für den modernen Menschen eingebüßt, was darauf hinzuweisen scheint, daß in ihr ein immer noch lebendiger Mythos enthalten ist."

Der Gral – in welcher Gestalt er auch erscheinen mag, ob als flache oder tiefe Schale, als Abendmahlskelch oder als gläserner Reliquienschrein – strahlt ein helles Licht aus und ist von einer mystischen lebenserhaltenden Substanz erfüllt. Der Gral wird in einem Schloß aufbewahrt, daß auf magische Weise erscheint und verschwindet, sich gewöhnlich in der Nähe eines Sees oder Flusses befindet und interessanterweise nur für ganz wenige der Ritter Artus' sichtbar ist. Der Hüter der Gralsburg, „Fischerkönig" genannt, ist uralt und infolge einer Verwundung schwer erkrankt. Die Angabe, seine „Schenkel" seien durchbohrt worden (in manchen Versionen seine „Seite", analog zum gekreuzigten Christus, d.Ü.) ist vermutlich eine euphemistische Umschreibung einer Kastration. Die Burg des Fischerkönigs ist umgeben von einer unfruchtbaren, mit einem Fluch behafteten Einöde. Der König wird erst geheilt werden, wenn ein tapferer Ritter die Burg findet und – angeregt durch den Anblick des in einer Prozession in der Halle vorgeführten Grals – eine ganz bestimmte Frage stellt. Bleibt der Ritter stumm, verschwindet die Burg mit all ihren Bewohnern. Hält der fahrende Ritter dennoch an seiner Suche fest, kann er vielleicht ein zweites Mal in der Gralsburg empfangen werden. Spricht er dann die magische Frage aus, erhalten der Fischerkönig und sein Land auf wunderbare Weise Gesundheit und Fruchtbarkeit zurück. Gleichzeitig wird der Erlöser zum neuen Fischerkönig und Gralshüter.

Eine erste Version dieses Mythos findet sich in Chretien de Troyes' „Perceval" aus dem Jahre 1190. Obwohl Teile von Chretiens langem Versepos am britischen Hof spielen und Artus mit seinem großen Gefolge berühmter Ritter auftritt, stehen im Mittelpunkt der Erzählung zwei junge, gegensätzliche Helden. Deren Abenteuer und Erfahrungen verlaufen parallel zueinander. Perceval, der Bauernjunge aus Wales, erscheint zu Beginn der Geschichte als linkischer Flegel, während Gauvain ein eleganter und gebildeter ritterlicher Höfling

Perceval erreicht die Gralsburg. Aus einem französischen Manuskript des 13. Jahrhunderts.

König Artus' ist. Für Chretien ist Perceval der Held der Gralsgeschichte. Nachdem er das Haus seiner Mutter in den Ausläufern des Snowdon-Gebirges einmal verlassen hat, wird er auf geheimnisvolle Weise zur Gralsburg geleitet. In den vielen Abenteuern, die er auf dem Weg zum Herrschaftsbereich des Fischerkönigs besteht, erwirbt er Lebenserfahrung, lernt das Kriegshandwerk und standesgemäßes Verhalten, das ihn zur Teilnahme am höfischen Leben befähigt. Immer wieder wird er zu christlicher Frömmigkeit und Beachtung der Gebote angehalten. Vor allem der letzte Punkt wird besonders hervorgehoben. Damit erlernt Perceval all das, was für die Bildung eines christlichen Ritters im ausgehenden 12. Jahrhundert als notwendig erachtet wurde.

In der Gralsburg wird Perceval bewirtet und unterhalten. Er beobachtet stumm, wie eine seltsame Prozession die Halle betritt. Voran geht ein Jüngling, der eine weiße Lanze trägt. Man kann sehen, wie sie ohne fremdes Zutun blutet. Es folgen zwei anmutige Knaben, die verzweigte Leuchter tragen, in denen viele Kerzen ein strahlend helles Licht verbreiten. Hinter ihnen erscheint eine Jungfrau, „bele et gente et bien acesmee", also von schöner Gestalt, hübsch anzusehen und prächtig geschmückt. Sie trägt einen leuchtenden Gral aus reinstem Gold und besetzt mit „den wertvollsten Edelsteinen von Land und Meer"

(„prescieuses pierres qui en mer ne en terre soient"). So hell ist
der vom Gral ausgehende Schein, daß er alle anderen Lichter in
der Halle überstrahlt. Perceval unterdrückt seinen intuitiven
Wunsch, den Fischerkönig nach der Prozession und dem Gral
zu fragen und kann daher den bösen Zauber nicht von dem
verwundeten König, von dessen Burg und dessen Land nehmen. Am nächsten Morgen wird er aus der verzauberten Burg
gebracht. Daraufhin löst diese sich in Luft auf.

Chretien starb, ohne sein außergewöhnliches Werk vollenden
zu können; dieser Aufgabe nahmen sich dann andere Autoren
an. Chretien hatte behauptet, die Lektüre eines Buches aus der
Bibliothek von Philipp, Graf von Flandern, habe den Inhalt
seines Versepos inspiriert. Philipp war der Cousin und zweite
Ehemann Maries von der Champagne und von 1180 an
Chretiens Schutzherr und Mäzen gewesen. Er fiel im Dritten
Kreuzzug. Das Manuskript, das Chretiens Gralsgeschichte angeblich zugrunde liegt, wurde nie gefunden. Forscher haben
allerdings die Vermutung geäußert, die fragliche Schrift könne
eine Sammlung alter keltischer Heldensagen enthalten haben,
die Chretien umschrieb und aktualisierte.

Der einflußreichste der unzähligen im 13. Jahrhundert entstandenen Gralsromane, die Passagen des „Perceval" adaptier-
ten und die mythische Welt König Artus' mit der christlichen
Mystik des Hochmittelalters verknüpften, war zweifellos das
heute unter der Bezeichnung „Prosa-Lancelot" bekannte französische Mammutwerk. Es umfaßt fünf Bücher eines oder
mehrerer unbekannter Verfasser. Den Prolog dieses Zyklus
stellt „L'Estoire del Saint Graal" dar, „Die Geschichte vom
Heiligen Gral". Es handelt sich dabei allerdings um eine der
zuletzt niedergeschriebenen Geschichten des umfangreichen
Werks. Robert de Borons Gralserzählung wird darin durch die
Einführung von Josephes, den Sohn Josephs von Arimathäa,
erweitert. Nun bringt Josephes als missionierender Bischof den
Gral nach Britannien. Sein Sohn Alain, Josephs Enkel, wird der
erste Fischerkönig und herrscht in der Gralsburg Corbenic, wo
die geheimnisvolle Gralsgesellschaft die Ankunft eines großen
Ritters von Artus' Hof erwartet.

Das umfangreichste Buch des Zyklus, der „Lancelot", handelt vom größten Kämpfer an Artus' Hof, Lancelot vom See
(im Original Lancelot de Lac, d.Ü.), dem Ritter und Liebhaber
von Artus' Königin. Das folgende Buch, „La Queste del Saint

Die Dame vom See mit dem Säugling Lancelot.

Graal" („Die Suche nach dem Heiligen Gral"), schildert, wie
Lancelots Sohn Galahad den Gral findet. In beiden Texten wird
der Roman zum Transportmittel einer moralischen Belehrung
der Leser. Lancelot ist ein gehorsamer und treuer Vasall seines
Lehnsherrn, Artus des Briten, und als untertäniger höfischer
Liebhaber dessen Frau, Königin Ginevra, zu Diensten. Er hat
sein ganzes Leben lang den Schwachen und Unterdrückten zur
Seite gestanden und ein gutes Leben geführt. Nun aber wird von
einem edlen Ritter mehr verlangt, denn nun rückt die Spiritua-
lität des Gralshelden in den Vordergrund, der sein Leben auf das
Göttliche hin ausrichten muß. Dieses Göttliche manifestiert
sich in der „Queste" in der Gestalt des Abendmahlskelchs, der
Fleisch und Blut des auferstandenen Christus enthält.

Der Autor der „Queste del Saint Graal" greift vier Ritter von
Artus' Hof heraus und schickt sie auf die Gralssuche. Ihre
Abenteuer unterwegs und in der Gralsburg werden kritisch
betrachtet. Lancelots kriegerische Fähigkeiten als Ritter sind
unbestreitbar. Auch zeigt er als Held großen Edelmut. Seine
Seele ist jedoch – als Folge seiner ehebrecherischen Beziehung
zur Königin – befleckt. Seine Suche endet mit seiner Demüti-
gung, als sich in der Gralsburg zeigt, daß er des Grals nicht wür-

Lancelot eilt zu seiner Burg Dolorous Garde. Miniatur aus dem Französischen Vulgata-Zyklus.

dig ist. Als nächstes werden in dem extrem frauenfeindlichen Text Bors und Perceval einem Keuschheitstest unterzogen. Perceval verliert um ein Haar seine Unschuld und verstümmelt sich anschließend in einem Anfall büßerischen Eifers zur Strafe selbst. Erst Galahads unverrückbare Hingabe an die Keuschheit in Verbindung mit seinen ritterlichen Eigenschaften ermöglicht es ihm, den Gral zu erlangen. Dabei hat er eine überwältigende Vision des Göttlichen, woraufhin er der Welt entsagt und sich dem Leben im Dienste Gottes widmet.

Die einzigartige Geschichte von Galahad muß speziell für den „Prosa-Lancelot" verfaßt worden sein. Sie taucht in keinem der früheren Gralstexte auf. Die Erzählung, wie Galahads Empfängnis zustande kam, muß uns als besonders bizarre Konstruktion erscheinen. Seine Mutter Elaine, die liebliche Gralsjungfrau und Tochter König Pelles', des Fischerkönigs, opfert Lancelot ihre Jungfräulichkeit, um ein Kind zu empfangen und so eine Pro-

Lancelot und seine Ritter verlassen die Burg Joyous Garde. Miniatur aus dem Französischen Vulgata-Zyklus.

phezeiung zu erfüllen, die besagt, daß ihr Kind gleichzeitig aus der Linie der Fischerkönige kommen und vom größten Ritter der Welt abstammen wird. Als Liebhaber der Königin will Lancelot jedoch mit keiner anderen Frau als Ginevra schlafen. Dies würde gegen die Regeln der höfischen Liebe verstoßen. In der Gralsburg läßt ihm Elaine daraufhin einen Zaubertrank verabreichen, der seine Sinne verwirrt. Dann wird Lancelot in Elaines Gartenhaus gelockt. Infolge seines konfusen Zustands davon überzeugt, es handle sich bei Elaine um Königin Ginevra, schläft er mit ihr.

Die stark christliche Tendenz des französischen „Prosa-Lancelot" könnte ein Indiz dafür sein, daß sein Autor (oder seine Autoren) aus dem Klerus stammen bzw. Kirchenämter innehatten. Der Gral steht in dem zu Beginn des 13. Jahrhunderts verfaßten Zyklus als Kelch der Eucharistie im Mittelpunkt der Handlung. Betont wird daneben vor allem das Sakrament

131

Galahad erscheint an Artus' Hof. Aus einem französischen Manuskript des 13. Jahrhunderts.

der Buße. Darüber hinaus spiegelt das Werk die neue scholastische Interpretation der eucharistischen Präsenz Christi und des Transsubstantiationsprinzips wider. Diese auf dem Vierten Laterankonzil im Jahre 1215 verkündete Glaubensdoktrin bestätigte die Heilige Messe als sakramentales Opferritual, während dessen Verlauf sich Brot und Wein des Kommunionsmahls – unter Beibehaltung ihrer äußeren Erscheinung – in die Substanz des auferstandenen Christus wandelten. Beim gleichen Konzil gewährte die Kirche allen Christen das Sakrament der Buße. Für die religiöse Praxis bedeutete dies, daß jeder Christ, um in der eucharistischen Mahlzeit seinen Erlöser empfangen zu können, mindestens einmal im Jahr an Ostern seine Sünden einem Priester beichten und Absolution erhalten mußte, indem er die ihm auferlegte Buße ausführte und so wieder zum Heil Gottes fand.

Es scheint schließlich, als habe der Autor der „Queste del Saint Graal" versucht, seine Version als letztmögliche Gralsgeschichte, als eine Art Endfassung der Sage, zu präsentieren. Auf dem Höhepunkt der Erzählung fährt eine körperlose Hand aus dem Himmel und entführt den Gral aus König Artus' Welt.

9. Malorys „König Artus" und der Tudor-Staatsmythos

Die hervorragenden französischen Romane des 12. und 13. Jahrhunderts führten in der europäischen Literatur zu einem weitverbreiteten Artus-Kult, der sogar in den isländischen Sagas seine Spuren hinterließ. Wie in den französischen Romanen richteten die Autoren ihre Aufmerksamkeit weniger auf Artus selbst als auf die Heldentaten einzelner Ritter. Dadurch erhielten sie geradezu unbegrenztes Material für ihre Geschichten. Eine interessante Erscheinung war dabei die Renaissance der alliterativen Dichtung im Nordengland des 14. Jahrhunderts. Patriotische Artus-Romane wurden dort im altertümlichen Versmaß des Altenglischen verfaßt. Es entstand eine ungewöhnliche Mischung aus antiquierter Sprache und zeitgenössischen Inhalten. Beschreibungen von real existierenden Schlössern, Burgen, Wandteppichen, Waffen und Jagdtechniken trugen dazu bei, Artus' Hof in die Welt des späten Mittelalters zu versetzen. Eines der großartigsten Romangedichte dieser Periode ist sicherlich das von einem unbekannten Verfasser geschaffene Werk „Sir Gawain and the Green Knight". Es beschwört die Zauberwelt der keltischen Sagen herauf, verknüpft eine spannende Handlung mit realistischen Naturbeschreibungen und setzt sich auch mit ethischen Fragen auseinander.

Ein weiteres herausragendes Stabreimgedicht, das um 1400 entstandene „Morte Arthure" gehört zu den vielen Quellen, auf denen das vielleicht bedeutendste Werk, das sich mit der Artus-Geschichte auseinandersetzt, beruht: Thomas Malorys „Le Morte d'Arthur", welches im Deutschen unter dem Titel „König Artus" bekannt ist. Die Malory-Forschung hat sowohl mit biographischen als auch mit textuellen Problemen zu kämpfen. Aus „König Artus" können wir entnehmen, daß Malory sein Werk im neunten Jahr der Herrschaft Eduards IV., also 1469/70, als „Ritter und Gefangener" beendete. Er hatte Zugang zu einer großen Auswahl französischer Romane, die er für Teile seines Werkes ins Englische adaptierte. Ebenso bediente er sich englischer Quellen und verwendete in Teilen seines Buchs alliterative Bruchstücke älterer Dichtungen, wie beispielsweise „he gurde to sir Gawayne for greff of sir Gayus" oder „Kylle doune clene for love of sir Kay". Die Stabreimformen gehen in der deutschen Übersetzung leider verloren.

Malory fürchtet die Schrecken des Bürgerkriegs. Sein „König Artus" spiegelt möglicherweise sein persönliches Schicksal wider, seine unglückliche Verwicklung in die Rosenkriege, einen zwischen den Fürstenhäusern York und Lancaster ausgetragenen, 30 Jahre anhaltenden Bürger- und Bruderkrieg um die englische Thronfolge. Malory zeichnet in seinem Werk das Bild eines Königs, der sein Volk durch starke, gerechte Herrschaft vor feindlichen Invasionen und inneren Unruhen bewahren kann. Der Autor prangert die Undankbarkeit der Engländer ihrem Herrscher gegenüber an, denn sie lassen Artus am Ende in seinem Kampf gegen Mordred im Stich. Dabei fehlt nicht der mutige Verweis auf politische Parallelen in Malorys eigener Zeit, wobei vermutlich auf das Schicksal Heinrichs VI. angespielt wird (dessen Herrschaft den Ränken machtgieriger Adliger zum Opfer fiel, d.Ü.):

> Ihr Engländer, könnt ihr nicht erkennen, was das für ein Unglück war? Er [Artus] war der trefflichste Ritter und der edelste König der Welt und liebte die Gesellschaft edler Ritter über alles. Über alle hielt er seine schützende Hand. Und doch waren die Engländer nicht mehr mit ihm zufrieden. So war es damals in diesem Land Brauch und Sitte. Man sagt, daß wir heute immer noch solches Verhalten pflegen. Ach, das ist ein großer Fehler von uns Engländern, daß uns keine Sache auf Dauer zufriedenstellen kann.

Der einzige Ritter mit Namen Thomas Malory, der uns aus der Zeit, in der „König Artus" entstand, bekannt ist, stammt aus Newbold Revel in Warwickshire. Er vertrat seine Grafschaft als Abgeordneter im Parlament. Wenig später wurde ihm jedoch eine ganze Reihe Verbrechen zur Last gelegt, darunter Vergewaltigung, Raub, tätliche Beleidigung, Erpressung und Viehdiebstahl. Er verbrachte einige Zeit im Gefängnis und wurde von mehreren Amnestien, die das Haus York erließ, ausdrücklich ausgeschlossen. Malory wurde 1471 in der Greyfriars-Kirche im Londoner Stadtteil Newgate begraben. Dies muß allerdings nicht zwingend heißen, daß er bis zu dieser Zeit im Newgate-Gefängnis einsaß, wie einige Forscher vermuten. Vermutlich wurde er nach der Eroberung Londons durch die Truppen der Lancaster-Partei, der er angehörte, im Jahre 1470 freigelassen. Obwohl einige der gegen ihn gerichteten Anklagen wohl politisch motiviert waren, ergeben sich Zweifel, ob es sich bei diesem Thomas Malory tatsächlich um den Autor des „König Artus" handeln kann. Verbrecherische Gewalttaten wie beispielsweise Vergewaltigung widersprechen eigentlich dem in diesem Werk propagierten Moralkodex, vor allem dem dort besonders hervorgehobenen ritterlichen Umgang gegenüber Frauen. Darüber hinaus müßte die Frage geklärt werden, wie Malory im Gefängnis Zugang zu den Romanen erhalten haben konnte, die dem Verfasser des „Artus" als Quellen dienten. Ein ritterlicher „Gentleman-Gefangener", der zur Zeit der Kriege gegen Frankreich in einem französischen Schloß gegen Lösegeld festgehalten wurde und dort eventuell sogar freien Zutritt zur Schloßbibliothek hatte, wäre auf jeden Fall eher in der Lage gewesen, ein derartiges Werk zu verfassen.

Bis ins 20. Jahrhundert hinein stellte die von William Caxton veröffentlichte Ausgabe die einzige Version von Malorys Werk dar. Caxton teilte den Text in 21 Bücher mit insgesamt 507 Kapiteln auf. Im Jahre 1934 wurde jedoch am Winchester College ein Malory-Manuskript mit einer Aufteilung des Texts in acht „Geschichten" entdeckt. Eugène Vinaver veröffentlichte es in der Oxford University Press. Nachforschungen haben ergeben, daß es sich bei dem Manuskript aus Winchester nicht um Malorys Originalversion handeln kann. Es enthält allerdings eine umfangreichere Fassung des Werks als die Caxton-Ausgabe und befand sich wohl einige Jahre lang in Caxtons Besitz.

Malorys Angaben über Artus' Kindheit und Jugend stützen sich auf die französischen „Merlin"-Romane. Sowohl Artus' Empfängnis in Tintagel als auch das Schwert im Stein finden bei Malory Erwähnung. Artus' rechtmäßige Abstammung von Uther wird angefochten, woraufhin ein Bürgerkrieg ausbricht. Wie bei Geoffrey von Monmouth führt Artus später einen Feldzug gegen den römischen Kaiser Lucius. Einzelne Abschnitte des „König Artus" handeln von den frühen Abenteuern Sir Lanzelots und den Fahrten Sir Gareths. Die Tristan-Geschichte und die Gralssuche spielen bei Malory keine so bedeutende Rolle wie in den französischen Werken, die ihm als Vorlage dienten. Die Gralssage selbst greift Malory allerdings auf, reduziert aber die Anzahl der eigentlich in dieser Geschichte auftretenden Eremiten. Seine Sympathien gehören zweifellos der Lanzelot-Figur.

In den letzten zwei, „Das Buch von Sir Lanzelot und Königin Ginevra" und „Artus' Tod" genannten Geschichten gibt Malory eine ausgezeichnete Beschreibung der vier Hauptpersonen. Artus, Ginevra, Lanzelot und Gawain geraten – trotz bester Absichten, gegen ihren Willen und zum Schaden des ganzen Landes – in einen ernsthaften Konflikt, in welchem sich schicksalhafte Bestimmung, politische Intrigen, leidenschaftliche Liebe und unvereinbare Loyalitätsverpflichtungen gegenüberstehen. Das Ende des Buches gerät zur epischen Tragödie, in der die politischen Ränke, die Mordred und Aggravain aus der ehebrecherischen Liebe von Ginevra und Lanzelot spinnen, die von Artus erkämpfte Zivilisation in den Untergang reißen. Indem sein Werk die archetypische und allumfassende Natur der Tragödie betont, vermeidet Malory den engen Blickwinkel Tennysons, dessen „Königsidyllen" durch ihre inhaltliche Beschränkung auf den sexuellen Gesichtspunkt der Katastrophe dem großen Thema so wenig gerecht werden können. Lanzelot und Ginevra werden von Malory mit lebhaften, menschlichen Zügen dargestellt. Von der höfischen Liebesbeziehung, dem zentralen Thema der französischen Romane, findet sich bei Malory noch genug, um Lanzelot die Erfüllung seiner Liebe zu gestatten (die ihm Tennyson später verweigert). Die Dialoge zwischen Lanzelot und Ginevra erinnern dabei gelegentlich an die humorvollen Auseinandersetzungen eines langverheirateten Ehepaares:

> „Zweifelt nicht, Majestät", sprach Sir Lanzelot. „Ich erkenne Eure Klugheit an. Wir sind beide schon lange nicht mehr so weise aus dem Schlaf erwacht."

Im „Buch von Lanzelot und Ginevra" wird Lanzelot mehrfach von der Königin der Untreue verdächtigt, rettet sie aber immer wieder aus allen denkbaren Gefahren und Zwangslagen. In der direkt anschließenden Geschichte „Artus' Tod", einem eigenständigen kleinen Roman mit einem festen Ensemble von Charakteren und einem durchgehenden Handlungsstrang, wird dann das ehebrecherische Verhältnis der Liebenden dem König öffentlich kundgetan:

Im Monat Mai ereignete sich ein großes Unheil, das nicht aufhörte, bis die Blüte der Ritterschaft der ganzen Welt vernichtet und erschlagen war. Schuld an allem waren zwei unselige Ritter namens Sir Agrawein und Sir Mordred.

Auf das Betreiben seiner Verwandten hin muß Artus, der von der Affäre wohl schon etwas geahnt, sie aus politischen Gründen bislang aber ignoriert hatte, nun handeln. Weil das Verhalten der Königin einen Akt von Hochverrat darstellt, wird sie zum Tode verurteilt. Lanzelots widerstreitende Gefühle bringen ihn daraufhin in eine Zwickmühle: Darf er die Königin retten, indem er gegen seinen Lehnsherrn und seine Kameraden kämpft? Malory läßt an dieser Stelle den angesehenen, aber nicht auf Ginevras Seite stehenden Bors für Lanzelot die Entscheidung treffen:

Ich rate Euch, mein Herr, daß Ihr der Königin Ginevra ritterlich beisteht, da sie durch Euch in Not geraten ist. Tätet Ihr das nicht, würde jeder Eure Schande bis ans Ende der Welt verkünden. Da Ihr bei ihr ertappt worden seid, mögt Ihr recht oder unrecht gehandelt haben, liegt es jetzt an Euch, der Königin beizustehen, damit sie nicht erschlagen wird oder einen unrühmlichen Tod erleiden muß. Stürbe sie eines derartigen Todes, fiele die Schmach für alle Zeiten auf Euch.

Lanzelot antwortet darauf: „Jesus bewahre mich vor solcher Schmach!", und macht sich an Ginevras Rettung. Dies führt aber nur einen Schritt weiter in die Katastrophe, denn er tötet aus Versehen Gareth und Gaheris, die unbewaffneten Brüder Gawains. Gareth war einst von Lanzelot zum Ritter geschlagen worden – durch seinen Tod wird ein weiteres Band zwischen Lanzelot und Artus' Hof zerschnitten. Gawain hat Lanzelot zwar den Tod seines Bruders Aggravain vergeben, da dieser durch eigene Schuld mit dem Ritter in Konflikt geraten war. Seine beiden jüngeren Brüder will Gawain jedoch um jeden Preis rächen. Er fordert die Unterstützung seines Lehnsherrn Artus ein, um Lanzelot in dessen Exil anzugreifen. Dadurch wird der Weg für Mordreds Rebellion frei, die Gemeinschaft der Tafelrunde bricht auseinander. Malory macht dafür hauptsächlich Mordred und Aggravain verantwortlich.

Als nun Artus' Tod (bzw. sein geheimnisvolles Verschwinden) herannaht, führt Malory seine Leser wieder in den mythischen Bereich keltischer Zauberwelten. Sein Werk endet mit so eindrucksvollen Szenen wie der Rückgabe des magischen Schwerts Excalibur an die Dame vom See, das Bedivere auf Befehl Artus' in ein Gewässer wirft, und der Überführung des verwundeten Königs nach Avalon durch Morgan und ihre königlichen Schwestern. Das Geheimnis um Artus' Tod bewahrt Malory als elementaren Bestandteil seiner Geschichte:

> Nichts Weiteres konnte ich in den Schriften über Artus finden [...]. Über seinen Tod habe ich lediglich gelesen, daß er auf einem Schiff hinweggeführt wurde, auf dem sich drei Königinnen befanden [...]. In einigen Teilen Englands erzählt man sich jedoch, daß König Artus nicht tot ist, sondern durch den Willen Unseres Herrn Jesus an einen anderen Ort gebracht wurde. Die Leute sagen, daß er wiederkommen und das Heilige Kreuz erobern wird. Ich will nicht behaupten, daß dies so sein wird. Ich will vielmehr sagen, daß er in dieser Welt in ein anderes Leben eingetreten ist. Viele Leute behaupten, auf seinem Grabstein stünde geschrieben:
> HIC IACET ARTURUS
> REX QUONDAM REXQUE FUTURUS

Die englischen Bürgerkriege fanden ihr symbolisches Ende, als der Waliser Heinrich Tudor bei Bosworth über Richard III. aus dem Hause York siegte. Von Zeitgenossen wurde der Schlachtverlauf als Beleg für eine Art Wiederkehr König Artus' gedeutet. Heinrich nutzte diesen Mythos geschickt in eigenem Sinne aus. Er sorgte dafür, daß sein ältester Sohn in Winchester zur Welt kam und auf den Namen Arthur getauft wurde. Wie Malory und dessen Verleger Caxton betrachteten nämlich viele Engländer seinerzeit Winchester als Artus' Hauptstadt, da es im frühen Mittelalter Englands Kapitale gewesen war. Außerdem befand sich in Winchester die – nach ihrer Auffassung echte – Runde Tafel König Artus'. Geschichten über den Tisch der Tafelrunde sprechen von 150 Rittern, die an ihm Platz genommen haben sollen. Kaum eine Tafel in einer befestigten Halle wies aber einen derartigen Umfang auf. Daher gehen Sagen und Überlieferungen in der Regel von einer Tafelrunde unter

The King's Knot, der „Königsknoten" bei Stirling: ein mittelalterlicher Turnierplatz und Schloßpark, im 16. Jahrhundert als Tabyll Round („Tafelrunde") bekannt.

freiem Himmel aus: Im Amphitheater von Caerleon, im Steinkreis von Mayburgh, beim King's Knot in der Nähe von Schloß Stirling oder unter dem Hügel von Bossiney soll sie plaziert gewesen sein. Dies entspricht auch der keltischen Vorstellung vom Festmahl in freier Natur. Die Rundtafel in der Schloßhalle von Winchester ist hingegen in nur 24 Abschnitte aufgeteilt, von denen jeder den Namen eines Artus-Ritters trägt. Dennoch ist die Tafel riesig und wiegt 1,5 Tonnen bei einer Dicke von etwa 6 Zentimetern.

Man nimmt an, daß die Tafel in Winchester aus dem 13. Jahrhundert stammt. Heinrich VIII., der Sohn Heinrich Tudors, ließ sie 1522 für den Empfang Kaiser Karls V., des Neffen seiner Frau Katharina, in Winchester neu bemalen. Eine riesige Tudor-Rose wurde in der Mitte der Tafel angebracht, ebenso das Bild eines bärtigen Artus, der, obwohl grauhaarig, eine auffallende Ähnlichkeit mit Heinrich VIII. besaß, zumal dieser sich erst kurz zuvor einen Bart hatte wachsen lassen. Wie schon sein Vater vertrat Heinrich VIII. die Auffassung, als Sproß des walisischen Hauses Tudor von Artus abzustammen. Nach dem Tod seines älteren Bruders Arthur heiratete er dessen Witwe und trug dessen Artus-Umhang bei Turnieren und anderen öffentlichen Anlässen. Heinrich glaubte zudem, größeren Anspruch auf die Kaiserkrone des Heiligen Römischen Reichs zu haben als sein Verwandter Karl. Schließlich ließ sich sein Stammbaum – zumindest sahen dies die Ahnenforscher der Tudors so – über Artus direkt bis zu Konstantin den Großen zurückverfolgen. Der Empfang Karls V. unter der an einer Wand befestigten, erneuerten Rundtafel besaß daher durchaus handfeste politische Symbolik.

Es war Polydore Vergil, der offizielle Geschichtsschreiber Heinrichs VII., der sich schließlich gegen die Artus-Propaganda der Tudors wandte und noch während der Regierungszeit Heinrich VIII. die Artus-Geschichten als bloße Erfindung bezeichnete. Heinrich konterte, indem er den Altertumsforscher John Leland ermutigte, Beweise für Artus' historische Existenz zu sammeln. Leland wurde so der erste Artus-Forscher, der von den – auf eine Region im Südwesten Englands begrenzten – Überlieferungen berichtet, die Artus mit der Hügelfestung von South Cadbury in Verbindung bringen. In einer späteren Phase der Tudor-Herrschaft griff Edmund Spensers Werk „The Fairy Queene" den Tudor-Mythos – die Wiederherstellung von Englands Größe durch die Rückkehr der Nachkommen König Artus' – erneut auf. Spenser schuf nun die an Elisabeth I. orientierte Figur der Gloriana, nach der sein Held, Prinz Artus, sucht.

10. Tennyson und die Präraffaeliten

Im 17. und 18. Jahrhundert entstand erwähnenswerte Artus-Literatur nur in geringem Umfang. Erst die Romantik mit ihrer Fixierung auf mittelalterliche Themen und das Übernatürliche führte zu einer Wiederbelebung des Interesses an den Artus-Geschichten. Die Neuauflage von Malorys „König Artus" zu Beginn des 19. Jahrhunderts inspirierte etwa Alfred Tennyson sowie den Dichter und Maler William Morris zu bedeutenden Werken. Tennyson war gerade Anfang 20, als er „The Lady of Shalott" schrieb – ein Poem über sein Lieblingsthema, die gebändigte Lebenskraft. Inhaltlich ist dieses Gedicht Malorys Geschichte der Jungfrau von Astolat verwandt. Aber auch auf einen mittelalterlichen Kurzroman aus Italien, „Donna di Scalotta", greift Tennyson zurück und führt als zusätzliches Element den – in früheren englischen und französischen Versionen der Geschichte fehlenden – Fluch ein, der auf der Dame von Shalott lastet und sie zu einem stillen, leblosen Dasein in ihrer Turmkammer verdammt. Das allegorische Bild der Dame, die in einen Stoff hineinwebt, was sie im Spiegel sieht, dient vermutlich als Symbol für den Maler oder Dichter im Elfenbeinturm. Durch die strahlende Erscheinung Lanzelots in ihrem Spiegel wird sie indes veranlaßt, sich dem Fluch zu widersetzen:

> Einen Pfeilschuß von dem Fenstergitter
> Durch Gerstenschwaden zog der Ritter;
> Die Sonne blitzt durch Blattgezitter
> Auf hellen Schienen, wie Gewitter,
> Um den kühnen Lanzelot.
> Brünstig vor einem Frauenbild
> Ein Kreuzherr kniet in seinem Schild,
> Der flammte durch das Korngefild
> Fernhin nach Shalott.

Mit heit'rer Luft, blau, unbezogen,
Strahlt steinbesät sein Sattelbogen;
Von Federn war der Helm umflogen,
Ein Feuerbrand von Flammenwogen,
Als er ritt nach Camelot.

Einige seiner zeitgenössischen Kritiker hielten Tennyson nach der Veröffentlichung dieses Gedichts ethische Unzulänglichkeit vor, da die Dame von Shalott einerseits zum Durchbrechen des auf ihr lastenden Fluches ermutigt wird, ihre Befreiung jedoch nicht zum Leben, sondern zum Tod führt. Mit unserem größeren Verständnis für die Macht von Mythen und Symbolen und die Kräfte des Unbewußten fällt uns heute der Zugang zu diesem inspirierten Gedicht mit seiner überwältigenden Wirkung von Sprache und Metrum leichter. Der Maler Waterhouse, ein später Präraffaelit, schuf zwei in unseren Augen hervorragende Illustrationen zur „Lady of Shalott". Eine stellt dar, wie die Dame zur Wirklichkeit erwacht; die andere zeigt sie in der Barke, auf den Tod wartend.

Ein weiteres Hauptwerk Tennysons, das auf dem Material der Artus-Sagen beruht, sind die „Königsidyllen". Die zwölf epischen Gedichte, aus denen sich dieser Zyklus zusammensetzt, wurden zwischen 1856 und 1885 veröffentlicht. Zu Tennysons Lebzeiten waren sie sehr erfolgreich, zum Teil deshalb, weil die großartigen Artus-Geschichten vielen seiner Leser verhältnismäßig unbekannt waren und deshalb selbst in stark bearbeiteter Form noch Faszination auszuüben vermochten. An Malorys kraftvoller Bearbeitung der Artus-Sagen reichen die „Idyllen" allerdings nicht heran. Dies könnte darauf zurückzuführen sein, daß Tennyson sich als *Poeta laureatus* Ihrer Majestät, eine Art königlicher Hofdichter Queen Victorias, verpflichtet fühlte, die „Idyllen" in einen unverhohlen moralisierenden Rahmen einzubetten. Er führt einen Großteil der in seinen Geschichten auftauchenden Probleme auf den Ehebruch zurück, den Lanzelot und Ginevra begehen und der sich auf die gesamte Gesellschaft des Artus-Reichs schädigend auswirkt. Damit huldigt Tennyson dem viktorianischen Zeitgeist, verfehlt aber gleichzeitig die epische Breite, die der Sagenstoff bei Malory besitzt. Zugegebenermaßen trägt aber auch Tennysons wechselhafter Gebrauch des Blankverses zu einer Schwächung der epischen Wirkung bei.

*Ginevra. Zeichnung
von William Morris.*

Die „Königsidyllen" zeigen eine zivilisierte Gesellschaft, die durch den Kodex von ritterlichen Idealen und Verhaltensweisen, den Artus seiner Tafelrunde auferlegt hat, aus einer von tierischen Instinkten beherrschten, chaotischen und brutalen Welt geschaffen wurde. Solange sie den Prinzipien des Königs folgen, sind Artus' Ritter in der Lage, die animalischen Elemente ihrer eigenen Natur zu kontrollieren und die Gesellschaft zu veredeln. Für all diejenigen, die den Bestand der zivilisierten Ordnung bedrohen, gebraucht Tennyson dementsprechend Tiermetaphern. Tennyson rang lange mit einer, „Der Heilige Gral" genannten „Idylle", inhaltlich knüpfte er darin an Malorys Interpretation an, wonach sich die Gralssuche schwächend auf die Gemeinschaft der Tafelrunde auswirkte, da sie dringend benötigte Kämpfer vom Hof des Königs abzog:

> „O Galahad, Galahad", sprach der König. „Nur
> für deinesgleichen ist der Gral bestimmt [...].
> Ein Zeichen, meinen Orden zu zermalmen [...].
> Wer seid ihr? Weder Galahad noch Parzival,
> doch stark
> und willens, Schwachen beizustehen".

Tennysons dichterisches Interesse an diesen steif und hölzern vorgetragenen Moralvorstellungen der Tafelrunde scheint bald zu verfliegen. Als Hauptursache für den Zusammenbruch der Tafelrunde sieht er nicht die Gralseuphorie der Artus-Krieger, sondern die ehebrecherische Beziehung zwischen Lanzelot und Ginevra, jenen zwei Menschen, auf deren Unterstützung Artus bei der Aufrechterhaltung seiner Gesellschaftsordnung unbedingt angewiesen ist. Durch geniale Manipulation seiner – hervorragend recherchierten – Quellen, darunter Layamon sowie die „Mabinogion"-Übersetzung von Charlotte Guest, zeigt er in den einzelnen „Idyllen", wie das „Besudeln unserer Königin" das Glück von Geraint und Enid bedroht und mit zum Untergang von Balin, Merlin, Elaine, Pelleas und Tristan beiträgt.

Dies soll an einem Beispiel verdeutlicht werden: Der Sage nach verdankt Merlin seine ewige Verbannung in ein grabähnliches Gefängnis bei lebendigem Leib einer jungen Zauberin, die in einigen Versionen der Geschichte Viviane genannt wird. Viviane entzieht sich Merlins Nachstellungen nur halbherzig und verführt ihn letztendlich zur Preisgabe seiner Zauberkräfte.

Bei Tennyson verfällt Merlin jedoch der Verzweiflung über den von Lanzelot und Ginevra begangenen Ehebruch:

> Da kam ein großer Trübsinn über Merlin;
> Er wandelte in dunklen Träumen, sah
> Verderben, stets bereit heraufzuziehen,
> Schlachtenlärm im Nebel, ohne Ende [...].

Wie William Morris, der 1858 sein „Defence of Guinevere" schrieb, hat Tennyson allerdings auch Verständnis für die von widerstreitenden Gefühlen geplagte Königin. Sie empfindet Artus als:

> [...] kalt,
> Gemessen, lieblos, stolz.
> Nicht so wie er,
> Nicht wie mein Lanzelot.

Als er mit dem Ehebruch konfrontiert wird, spricht der gefühlskalte Artus zu seiner Frau:

> Die Kinder, die du trägst, sind Schwert und Feuer,
> Trümmer sind's und Blut, Gesetzesbruch, Verrat an der
> /Natur.

„Den Besten lieben hieß mich meine Pflicht", räumt Ginevra daraufhin auf wahrhaft viktorianische Art ein. Noch weit eindrucksvoller gelingt in den „Königsidyllen" indes die Darstellung des Lanzelot, dem Tennyson (anders als Malory) die Erfüllung seiner Liebe zu Ginevra verweigert. Artus wiederum ist nicht fähig zu begreifen, warum Lanzelot Elaines Liebe nicht erwidern kann:

> Und bist du jetzt vereinsamt, kinderlos
> Und unvermählt, so wär' aus ihr vielleicht
> Ein edler Stamm von Söhnen dir erblüht,
> Geziert mit deines Ruhms und deines Namens Glanz.

Doch Lanzelot ist weder frei, Elaine zu lieben, noch kann er dem König den Grund dafür offenbaren:

Jetzt banden alter Liebe Ketten ihn
und Ehre, deren Wurzel Schande war,
und Treue, die der echten Treue log.

Die Handlungsmotive der einzelnen Personen werden her-
vorragend wiedergegeben, doch das auf den Ehebruch gelegte
Schwergewicht, Tennysons Moralisieren und seine gefühllos
wirkende Artus-Figur geben dem Epos einen viktorianischen
Anstrich und wirken auf uns recht beengend. Tennysons beste
Poesie findet sich in der letzten der Idyllen, „Artus' Tod", der
Neufassung eines bereits im Jahre 1832 unter dem Titel
„Morte d'Arthur" veröffentlichen Gedichts. Statt viktoriani-
sche Moralpredigten zu halten, läßt Tennyson hier Mythos und
Magie aufblitzen:

> [...] Artus' Schwert Excalibur,
> Einsam im See geschmiedet vom Seefräulein.
> Sie schmiedete neun Jahr' dran, sitzend tief
> An dem versteckten Fuße des Gebirgs.

> Und rasch stand auf Sir Bedivere und lief;
> Er sprang die Dünen leicht hinab und stieg
> Zwischen die Binsen, packte fest den Stahl,
> Schwang rings und warf ihn; und das große Schwert
> Schoß Wetterstrahlen in dem Mondesglanz,
> Und rundum blitzend wirbelt' es im Kreis
> Wie Nordlichts Strömung in der Winternacht,
> Dort von den schwimmenden Inseln angeschaut,
> So blitzt' und fiel das Schwert Excalibur.
> Doch eh' die Fläch' es rührte, stieg ein Arm
> In weißem Sammet, unheimlich, wunderbar,
> Empor; er faßt' am Griff es, schwang's im Kreis
> Dreimal und zog es mit sich in den See.

Indem er den Zusammenbruch der Tafelrunde am kürzesten
Tag des Jahres erfolgen läßt („[...] der Tag, als graues Licht am
Himmel / im Lauf des Jahrs am tiefsten stand"), bindet Tennyson
Artus' Herrschaft geschickt in den Zyklus der Jahreszeiten, von
Wachsen und Vergehen ein. Die letzte Schlacht findet dann
nicht von ungefähr in Lyonesse statt, einem „Land, dem Ab-
grund einst entstiegen / in Flammen stehend, muß es wieder

Wie Sir Bedivere das Schwert Excalibur in den See warf. Zeichnung von Aubrey Beardsley.

sinken". Tennyson nutzt also Erkenntnisse der zeitgenössischen Naturwissenschaft, um zu zeigen, daß sich sogar das Land selbst wie eine soziale und politische Organisation entwickelt und neu organisiert: „Damit nicht alter Brauch die Welt zugrunde richtet".

Die Präraffaeliten setzten Tennysons Artus-Dichtung schon seit 1848 in Malerei um. Rosetti trug zur 1857 erschienenen Ausgabe von Tennysons „Gedichten" fünf Illustrationen bei; drei davon beschäftigten sich mit Artus-Themen. Unter dem Einfluß von Morris und Burne-Jones wendeten sich die Präraffaeliten allerdings vermehrt Malory zu, denn Morris hielt nicht viel von Tennysons Artus-Dichtung. Da Malory jedoch Tennysons Hauptquelle war, fällt es oft schwer, festzustellen, auf welchen der beiden Autoren sich die Künstler mit ihren Werken bezogen. Sicherlich ist die überwältigende Artus-Begeisterung des viktorianischen Zeitalters, die im 20. Jahrhundert ihre Fortsetzung gefunden hat, zu einem Großteil Tennyson zu verdanken, der mit der für ihn charakteristischen Selbstlosigkeit immer wieder auf die Bedeutung von Malorys Werk hinwies.

147

Als Hofdichter genoß Tennyson die umfassende Unterstützung Königin Victorias und Prinz Alberts. Auf der Isle of Wight ließ er sich in deren unmittelbarer Nachbarschaft nieder. Das Königspaar bewunderte und liebte Tennysons Dichtung. Albert wählte gar Artus-Themen für die neuen Dekorationen im Oberhaus. Nach Alberts Tod wurden die „Idyllen" seinem Andenken gewidmet, weshalb sie Swinburne zynisch auch „Albert-Idyllen" nannte. Die „Königsidyllen" vertraten nun einmal, wie auch Tennysons andere Werke, einen patriotisch-monarchistischen Standpunkt – und dies zu einer Zeit, als Mitglieder der politischen Führungsschicht des Landes die Einführung der Republik forderten.

11. Artus im 20. Jahrhundert

Die überwältigende Popularität von Tennysons Artus-Dichtung fiel gegen Ende des 19. Jahrhunderts zusammen mit großen Fortschritten im Bereich der Bildung. Britischen Kindern aller Gesellschaftsschichten wurden Tennysons Artus-Gedichte in der Schule vorgestellt. Eine ganze Reihe von Kinderbüchern über die Heldentaten König Artus', die sich vor allem an den Werken von Tennyson und Malory orientierten, wurde Ende des 19. und Anfang des 20. Jahrhunderts veröffentlicht. Zu den beliebtesten – oftmals gekürzt erscheinenden – Kinderausgaben gehörten: „King Arthur and His Knights" (1862) von James Knowle, Sidney Laniers „The Boy's King Arthur" (1880) und Alfred Pollards „The Romance Of King Arthur and His Knights of the Round Table" (1917).

Für erwachsene Leser wurde Malorys Werk regelmäßig wieder aufgelegt. 1893/94 veröffentlichte J.M. Dent eine Malory-Ausgabe mit 21 ganzseitigen Illustrationen und 585 Überschriften, Borten, Initialen und Ornamenten des Jugendstil-Künstlers Aubrey Beardsley. Gegen Ende des 19. Jahrhunderts war Artus nicht mehr bloß eine Identifikationsfigur des Adels und der Gebildeten bzw. ein keltischer Volksheld. Er war – vielleicht zum ersten Mal in der Geschichte – zum Nationalhelden der Briten aller Klassen, Schichten und ethnischen Abstammungen geworden. Ein Großteil der englischen Artus-Folklore scheint, abgesehen von den Überlieferungen aus Cornwall und Wales, überhaupt erst in dieser Zeit entstanden bzw. schriftlich festgehalten worden zu sein. Selbst einige Schauplätze der Erzählungen in Cornwall wie „Merlins Höhle" in Tintagel verdanken ihre Popularität dem unmittelbaren Einfluß von Tennysons Werk. Frühe Ausgaben der Generalstabskarten verzeichneten gar ein Dorf Tintagel und ein Camelot bei South Cadbury.

Die Begeisterung für vergleichende Mythologie und die mythologische Deutung alter Sagen führte letztlich zur Erforschung auch des keltisch-religiösen Gehalts der Artus-Legenden, insbesondere der Gralsgeschichten. Jessie Weston lieferte mit „From Ritual To Romance" (1920) eine vielbeachtete Analyse der Ursprünge und Entwicklung der Gralslegenden, die unter anderem die Gralsburg- und Fischerkönigselemente in T.S. Eliots Werk „The Waste Land" (1922, deutsch: „Das Wüste

THE LADY OF THE LAKE
TELLETH ARTHVR OF THE
SWORD EXCALIBVR

Die Dame vom See erzählt Artus von dem Schwert Excalibur. Illustration von Aubrey Beardsley für Malorys „König Artus", 1885.

Land") anregten. Eliot gebraucht das „wüste Land" des Arthus-Mythos als Metapher für die seiner Ansicht nach geistig und intellektuell heruntergekommene Zivilisation der europäischen Moderne. „The Waste Land" gilt noch heute als Meilenstein englischer Literatur und hat zudem das kulturelle Überleben der Gralstradition sichergestellt.

Als führender Autor fiktionaler Artus-Prosa wirkte in der ersten Hälfte des 20. Jahrhunderts T.H. White, der in kurzer Folge drei Romane schrieb: „The Sword in the Stone" (1938, deutsch: „Das Schwert im Stein"), „The Queen of Air and Darkness" (1939, deutsch: „Königin von Luft und Dunkelheit") und „The Ill-Made Knight" (1940; deutsch: „Der mißratene Ritter", 1981). Zusammen mit einem späteren Werk, „The Candle In The Wind" (deutsch: „Die Kerze im Wind", 1981), wurden sie 1958 unter dem Titel „The Once And Future King" (deutsch: „Der König auf Camelot", 1984) herausgegeben. Disney verwendete den ersten und lustigsten der Romane – „The Sword in the Stone" – 1963 als Vorlage für einen Zeichentrickfilm. Die gesamte Tetralogie regte ein Musical an, „Camelot" von Lerner und Loewe. Dieses wurde 1967 verfilmt. Selbst John Boormans Filmepos „Excalibur" von 1981 stützt sich weit mehr auf die Werke von White, Rosemary Sutcliff und Mary Stewart – und weniger auf Malory – als bislang angenommen.

T.H. Whites Bücher beruhen zwar im weitesten Sinn auf Malorys Werk, mischen jedoch komische mit tragischen Elementen und weisen viele originelle Varianten auf, u.a. einen häßlichen Lanzelot, einen Artus, der im Verlauf seiner Erziehung in Gestalt verschiedener Tiere deren Einsichten und Weisheit kennenlernt, und eine Morgause, die ihren Halbbruder mit voller Absicht verführt. Die letzten beiden Aspekte greift der Film „Excalibur" ebenso auf wie Merlins Rückkehr am Vorabend der Schlacht von Salisbury, von der White in einem posthum veröffentlichten fünften Buch, dem „Book of Merlin" (deutsch: „Das Buch Merlin", 1980) erzählt. Erwähnenswert ist ferner Whites geschickte Vermischung der unterschiedlichen Zeitebenen. So tritt beispielsweise Sir Thomas Malory als Artus' Page auf. Dieser schickt ihn vor der Katastrophe von Salisbury fort, damit wenigstens einer am Leben bleibt, der die Artus-Geschichte nachfolgenden Generationen weitergeben kann.

Seit den 1960er Jahren gibt es in den Artus-Veröffentlichungen zwei gegensätzliche literarische Tendenzen. Einerseits wird in realistischem Stil versucht, Artus im zeitgenössischen Rahmen des 5. und 6. Jahrhunderts zu porträtieren. Paradoxerweise werden dabei jedoch gleichzeitig keltisch-übernatürliche Elemente betont. Bahnbrechend war hierbei Rosemary Sutcliffs beliebtes und bewundertes Buch „Sword at Sunset" (1963). In diesem Roman hält sich Sutcliff an die frühen Chroniken und stellt die Kämpfe gegen die Sachsen in den Vordergrund. Dabei macht sie von den Aufzeichnungen des Nennius Gebrauch. Zusammen mit einem Militärexperten inspizierte sie gar, obwohl an den Rollstuhl gefesselt, mögliche Schauplätze der Artus-Schlachten. Gemeinsam erarbeiteten die beiden für Sutcliffs „Artus" eine regelrechte Feldzugsstrategie, die später sogar Anerkennung von Historikern fand. Rosemary Sutcliff greift auch die in den Heiligenvitae zum Ausdruck kommende ambivalente Einstellung des Klerus zu Artus auf, indem sie beschreibt, wie Artus die Kirche verteidigt, mit ihr jedoch in Konflikt gerät, wenn es um die Einquartierung von Truppen und den Verzehr klösterlicher Speisevorräte nach geschlagener Schlacht geht. Sie bringt die Figur des Ambrosius zurück in die Artus-Geschichte und läßt sich von der Maximus-Überlieferung anregen. In diesen beiden Punkten sollte ihr eine Reihe weiterer Autoren folgen. Sutcliff verzichtet schließlich auch auf die – in die Sage erst später integrierte – Figur des Lanzelot und macht Bedwyr zum Liebhaber der Königin.

Die vier Artus-Romane von Mary Stewart halten sich ebenfalls stark an die Überlieferungen früher Chroniken. In ihren ersten drei Büchern – „The Crystal Cave" (1970; deutsch: „Flammender Kristall", 1971), „The Hollow Hills" (1973; deutsch: „Der Erbe", 1974) und „The Last Enchantment" (1979; deutsch: „Merlins Abschied", 1982) tritt Merlin, ein illegitimer Sohn des Ambrosius, als Erzähler auf. Dies entspricht der bardischen Erzähltradition und berücksichtigt Merlins Rolle bei Artus' Erziehung und Regentschaft in vielen der mittelalterlichen Romane. In Stewarts viertem Artus-Roman, „The Wicked Day" (1984; deutsch: „Tag des Unheils", 1985), schreibt sie aus der Sicht ihres Erzählers Mordred. Die Romane sind hervorragend konstruiert und behandeln glaubwürdig keltisch-magische Themen.

John Arden und Margaretta d'Arcy verfaßten 1973 mit „The Island of the Mighty" ein kraftvolles Theaterstück, das meisterhaft keltische Motive und Inhalte der Artus-Sagen verarbeitet. Ich, Geoff Doel, hatte das Glück, eine Aufführung der Royal Shakespeare Company zu sehen, bevor das Stück wegen auftretender Differenzen abgesetzt wurde. Obwohl von seiner Intention her antiimperialistisch angelegt, zeichnet das Stück den bedrängten Artus, der sein Volk vor Invasionen, Bürgerkrieg und Chaos bewahren will, in einem sympathischen Licht. Arden

Merlin und Nimue. Zeichnung von Aubrey Beardsley.

flicht geschickt Elemente der keltischen Religion und Übersetzungen historischer walisischer Artus-Texte ein. Dabei geht es auch um die Rolle des Barden, die Arden mit Hilfe eines Konflikts zwischen Taliesin, Merlin und dem jungen Aneurin beleuchtet. Letzterer fällt durch die Bardenprüfung, weil er sich den herrschenden Regeln nicht beugen will, hat aber Erfolg als populärer Dichter und Liedermacher. In der Aufführung der Royal Shakespeare Company wird er als gitarrespielender Sänger/Songwriter à la Bob Dylan dargestellt. Amüsant ist auch das Auftreten des König Pellam, eines religiösen Fanatikers, der im Verlauf des Stücks zum Fischerkönig wird und in Artus den Antichrist sieht. Von allen neueren Werken der Artus-Literatur wurde dieses Schauspiel in meinen Augen am meisten unterschätzt.

Das anhaltende Interesse am historischen Artus führte zwischen 1966 und 1970 zu den Ausgrabungen in der Hügelfestung von South Cadbury unter Leitung von Professor Leslie

Alcock. Die aufsehenerregenden Entdeckungen dieses Projekts förderten wiederum die Begeisterung der Öffentlichkeit für Artus-Themen. Der erste, der auf mögliche Verbindungen eines historischen Artus mit South Cadbury hingewiesen hatte, war jedoch nicht Alcock, sondern der Altertumsforscher John Leland in seinem „Itinerary" von 1542:

> Am südlichen Ende der Kirche von South Cadbury stehet Camallate, in früherer Zeit eine berühmte Stadt oder Burg. Die Leute hier wissen nichts anderes zu erzählen, als daß Artus sich häufig nach Camalat zurückzog.

South Cadbury in der Grafschaft Somerset ist eine Hügelfestung von etwa 0,7 km² Bodenfläche und liegt ungefähr 180 m ü.d.M. Im 16. Jahrhundert war ein Teil der Hochfläche als „Artus' Palast" bekannt. Leslie Alcock fand dort Spuren einer Holzhalle aus der Artus-Zeit und Hinweise auf eine Erneuerung der Befestigungsanlage gegen Ende des 5. Jahrhunderts. Dazu gehörte eine Steinmauer von fast 5 m Breite, die sich mit einer Länge von 1,2 km um die ganze Hügelkuppe zog und Reste römischen Mauerwerks sowie ein Torgebäude mit einschloß, wie man es in Befestigungen römischer Hilfstruppen gefunden hatte. South Cadbury scheint also Ende des 5. Jahrhunderts ein militärisches und/oder politisches Zentrum des Abwehrkampfes gegen die Sachsen gewesen zu sein. Leland nahm sich hier wohl einer Überlieferung an, die auf historischen Grundlagen beruht.

Alcocks Buch „Arthur's Britain – History and Archaeology AD 367-634" (1971) war eines der ersten Werke eines führenden Wissenschaftlers, in dem Artus als historische Figur aufgefaßt wurde. 1977 folgte „The Age of Arthur" von John Morris. Diese Monographie stellt einen gelehrten und einfallsreichen Versuch dar, eine durchlaufende Artus-Geschichte unter Zuhilfenahme einer breiten multidisziplinären Skala wissenschaftlicher Erkenntnisse zu verfassen. Morris zählte zu den ersten anerkannten Historikern des 20. Jahrhunderts, die bereit waren, Hinweisen aus Literatur und Artus-Legenden bei ihren Forschungen nachzugehen. Auf erfrischend undogmatische Weise berücksichtigte er auch Indizienmaterial und bot so anderen Wissenschaftlern eine völlig neue Diskussionsgrundlage. Alcock und Morris haben die Suche nach Artus durch ihre

Merlin nimmt das Kind Artus in Pflege. Zeichnung von Aubrey Beardsley.

Arbeit wieder in den Bereich seriöser historischer Forschung integriert.

Geoffrey Ashe und Richard Barber gehören zu den führenden englischen Autoren, die in den letzten Jahren Artus-Literatur und -Legenden erforscht und populär gemacht bzw. deren kulturelle Bedeutung herausgestellt haben. Amerikanische Forscher wie Roger Loomis haben sich hingegen besonders auf die keltisch-mythologischen Aspekte der Artus-Sagen spezialisiert. Eine Reihe amerikanischer Autoren hat diese mythologischen Themen wiederum in ihren Romanen verarbeitet. An der Spitze steht hier Marion Zimmer Bradleys „Mists of Avalon" (1983; deutsch: „Die Nebel von Avalon"). Dieser Roman spiegelt kulturelle Phänomene des späten 20. Jahrhunderts wie Feminismus und Neopaganismus wider, erweckt jedoch auch keltisch-religiöse Vorstellungen wieder zum Leben, die den Artus-Geschichten zweifellos zugrunde liegen.

„Die Nebel von Avalon" wird aus der Sicht der Frauen in der Artus-Geschichte erzählt, insbesondere aus dem Blickwinkel Morgaines, der Schwester und Gegenspielerin des Königs. Was diesen feministischen Ansatz jedoch besonders auszeichnet, ist die erfrischende Tatsache, daß in der Erzählung die Frauen nicht besser wegkommen als die Männer. Der weibliche Standpunkt wurde ja in den Artus-Legenden lange vernachlässigt, obwohl zumindest Tennyson und Morris versuchten, ihm durch die Ausarbeitung ihrer Ginevra-Figuren gerecht zu werden. Beeindruckend ist auch die Idee einer physischen Verschiebung der keltischen Anderswelt – die Parallelexistenz mehrerer (geographischer) Ebenen von Glastonbury/Avalon. Der Roman verarbeitet handwerklich hervorragend thematische, symbolische und politische Elemente der Artus-Sagen. Trotz seiner übermäßig christenfeindlichen Ausrichtung, der Beschreibung geschmackloser neo-heidnischer Orgien und einem recht faden Mittelteil könnte Zimmer Bradleys Werk zum Artus-Klassiker des 20. Jahrhunderts zu werden. Der Roman taucht heute bereits in einigen Universitäts-Lehrplänen auf.

Und so werden die Artus-Geschichten immer weiter erzählt: Nikolai Tolstoy, Stephen Lawhead und Bernard Cornwell haben sich ihrer inzwischen auch angenommen; ein schier endloser Strom von Neubearbeitungen eines Stoffes ist entstanden, dessen zauberhafte Faszination in irgendeiner Form wohl bis zum Ende der westlichen Zivilisation anhalten wird:

> Welchen Ort gibt es innerhalb der Grenzen des Reiches der Christenheit, der die Lobpreisung Artus' des Briten noch nicht vernommen hat? Wer, frage ich, spricht nicht von Artus dem Briten, der den Völkern Asiens kaum weniger bekannt ist als den Bretonen, wie uns aus dem Osten heimkehrende Pilger berichten? Die Völker des Ostens sprechen genauso von ihm wie die des Westens, obwohl sie durch die Breite der ganzen Erde voneinander getrennt sind. Ägypten spricht von ihm, und auch der Bosporus schweigt nicht. Rom, Königin der Städte, besingt seine Taten. Von seinen Schlachten erzählt man sich auch in Roms alter Rivalin Karthago. Antiochia, Armenien und Palästina feiern seine kriegerischen Leistungen. (Alanus, um 1170)

Anmerkungen

Teil I (Kapitel 1-3: Terry Lloyd)

Der historische Teil des Buchs stützt sich im wesentlichen auf folgende Werke: John Morris: „The Age of Arthur", Leslie Alcock: „Arthur's Britain", David Divine: „North-West Frontier of Rome", David Breeze und Brian Dobson: „Hadrian's Wall", Peter Salway: „Roman Britain" und N.J. Higham: „The English Conquest".

Teil II (Kapitel 4-6, 9-11: Geoff Doel; Kapitel 7 und 8: Fran Doel)

Kapitel 4:

Gildas und Nennius: Ich beziehe mich vor allem auf die Bände 7 und 8 der Zeitschrift „Arthurian Period Sources". Dort wurden die lateinischen Texte mit englischer Übersetzung veröffentlicht. In diesem Buch verwende ich allerdings meine eigene Übersetzung der Chroniken. Beim Auswerten der Texte stütze ich mich vor allem auf „The Age of Arthur" von John Morris, „Arthur's Britain" von Leslie Alcock und „Arthur of Britain" von E.K. Chambers.

Mein Dank gilt dem Llanerch-Verlag und Hugh Williams für die Genehmigung, aus der in „Two Lives of St Gildas" publizierten Übersetzung des „Leben des Heiligen Gildas" zu zitieren.

Wertvolle Anregungen zur walisischen Dichtung verdanke ich E.K. Chambers' „Arthur of Britain". Ebenso danke ich dem Llanerch-Verlag und Carl Lofmark für die Erlaubnis, Professor Lofmarks Übersetzung der „Elegie für Geraint" aus „Bards and Heroes" zu verwenden. Beim Ermitteln des historischen Hintergrunds dieses Gedichts zitiere ich die Interpretation von John Morris in „The Age of Arthur".

Aneirins „Gododdin" ist in einer von Kenneth Jackson (Edinburgh University Press) hervorragend editierten Ausgabe erhältlich und liegt in der englischen Übersetzung von Steve Short beim Llanerch-Verlag vor.

Eine Auswahl aus dem „Schwarzen Buch von Carmarthen" und dem „Buch Taliesin", bestehend aus walisischem Originaltext und Übersetzungen, wurde von Meirion Pennar bei Llanerch herausgegeben.

„The Celtic Sources for the Arthurian Legend", herausgegeben von John Coe und Simon Young (Llanerch), enthält eine mit wertvollen Anmerkungen versehene Auswahl walisischer Heiligenlegenden, Dichtung und Prosatexte. Dieses Buch machte mich auf die Artus-Verweise der bretonischen Heiligenbiographien aufmerksam.

1801 veröffentlichte der Altertumsforscher Edward Williams, auch unter dem Namen Iolo Morganwyd bekannt, eine Sammlung walisischer Triaden. Obwohl ein Teil von Morganwyd selbst zu stammen scheint, sind einige der Triaden authentisch. Malcom Smith hat sie als „The Triads of Britain" bei Wildwood herausgegeben.

Das „Mabinogion" ist sowohl bei Penguin als auch bei Everyman in hervorragenden Ausgaben erschienen. Beide Versionen haben mir bei meinen freien, „literarischen" Übersetzungen in diesem Buch geholfen.

Anmerkungen

Kapitel 5:
Meine Hauptquellen für dieses Kapitel stellen die bei Penguin erschienene, von Lewis Thorpe edierte Ausgabe von Geoffreys „History of the Kings of Britain" und „Tintagel - Arthur and Archaeology" von Charles Thomas (Batsford/English Heritage) dar. Viele der in diesem Kapitel formulierten Thesen und Theorien stammen jedoch von mir selbst.

Kapitel 6:
Ich beziehe mich im wesentlichen auf „Arthur's Britain" von Leslie Alcock, „Glastonbury" von Philip Rahtz (Batsford/English Heritage) und die von Norris Lacey herausgegebene „Arthurian Encyclopedia" (Boydell)

Kapitel 7:
Inwieweit Theorie und Praxis der höfischen Liebesethik des Hochmittelalters voneinander abwichen, ist umstritten. Zur Beschäftigung mit diesem Thema empfehle ich das 1977 erschienene „The Origin and Meaning of Courtly Love: A Critical Study of European Scholarship" von R. Boase sowie „The Meaning of Courtly Love" von F.X. Newman (1968). 1977 ging A.K. Blumstein in „Misogyny and Idealisation in the Courtly Romance" das Thema aus feministischer Sichtweise an.
   Viele der mittelalterlichen Texte über Tristan und Isolde liegen in englischer Übersetzung bei Penguin vor, beispielsweise die Versionen von Eilhart von Oberge (1175), Beroul (1200) und Gottfried von Straßburg (1210 – dt. Ausgabe im Reclam Verlag, Stuttgart 1981.)

Kapitel 8:
Eine hervorragende Einführung bietet „Arthurian Literature in the Middle Ages" von R.S. Loomis. E. Kennedys „Lanzelot and the Grail" (1986) und J. Frappiers Beitrag zum „Grundriß der romanischen Literaturen des Mittelalters" (1978) beleuchten die Rollen Lanzelots und seines Sohnes Galahad in der Grallegende.

Kapitel 9:
Ich habe mich an Professor Eugène Vinavers Malory-Version (Oxford University Press) gehalten. Der Inhalt des Kapitels stammt weitgehend von mir. Der Abschnitt über die Runde Tafel von Winchester enthält Teile eines Artikels, den Fran und ich für die „Keep"-Rubrik des „English Heritage Magazine" verfaßt haben.

Kapitel 10:
Ich habe mich einer Reihe von Tennyson-Gedichtsammlungen sowie verschiedener Ausgaben der „Königsidyllen" bedient. Das Kapitel beruht auf einer unveröffentlichten Studie, die ich für das Birkbeck College angefertigt habe.

Kapitel 11:
Die hier aufgeführten Bücher erscheinen in der Bibliographie. In Detailfragen habe ich mich an die „Arthurian Encyclopedia" gehalten. Die erwähnte Aufführung von „The Island of the Mighty" durch die Royal Shakespeare Company fand in den 1970ern im Londoner Aldwych Theatre statt.

Sämtliche Abbildungen stammen von Geoff Doel, ausgenommen diejenige auf Seite 155, die uns Peter Kemmis Betty zur Verfügung stellte.

158

Bibliographie

Geschichte

ALCOCK, LESLIE: Arthur's Britain. Penguin.

ALCOCK, LESLIE: Cadbury. Die Festung des Königs Artus? Lübbe.

ALCOCK, LESLIE: Economy, Society and Warfare among the Britons and Saxons. University of Wales Press.

ASHE, GEOFFREY: King Arthur's Avalon – The Story of Glastonbury. Fontana/Collins.

ASHE, GEOFFREY: König Arthur. Die Entdeckung von Avalon. Econ.

ASHE, GEOFFREY: The Quest for Arthur's Britain. Paladin.

BOTHEROYD, PAUL UND SYLVIA: Schottland/Wales/Cornwall. Auf den Spuren von König Artus. Droemer Knaur.

BREEZE, DAVID/DOBSON, BRIAN: Hadrian's Wall. Penguin.

CHAMBERS, E.K.: Arthur's Britain. Cambridge.

DIVINE, DAVID: North-West Frontier of Rome. Constable.

ELLIS, PETER BERRESFORD: Celt and Saxon. Constable.

ELLIS, PETER BERRESFORD: Celtic Inheritance. Constable.

HERM, GERHARD: Die Kelten. Econ.

HIGHAM, N.J.: The English Conquest. Penguin.

MORRIS, JOHN: The Age of Arthur. Phillimore.

MORRIS, JOHN: Arthurian Period Sources. Penguin.

PHILLIPS, GRAHAM/KEATMAN MARTIN: Artus. Die Wahrheit über den legendären König der Kelten. Heyne.

RAHTZ, PHILIP: Glastonbury. Batsford.

SALWAY, PETER: Roman Britain. Penguin.

SALWAY, PETER: The Oxford Illustrated History of Britain. Oxford University Press.

THOMAS, CHARLES: English Heritage Book of Tintagel. Batsford.

THOMAS, CHARLES: Tintagel – Arthur and Archeology. Batsford.

WINTERBOTTOM, MICHAEL: Gildas – The Ruin of Britain And Other Works. Phillimore.

Legende und Mythologie

ASHE, GEOFFREY: A Guidebook to Arthurian Britain. Longman.

ASHE, GEOFFREY: Kelten, Druiden und König Arthur. Mythologie der britischen Inseln. Walter.

BARBER, RICHARD: King Arthur, Hero and Legend. Boydell.

BAUMER, FRANZ: König Artus und sein Zauberreich. Eine Reise zu den Ursprüngen. Langen-Müller.

BOTHEROYD, PAUL UND SYLVIA: Lexikon der keltischen Mythologie. Diederichs.

BRYCE, Derek: The Mystical Way and the Arthurian Quest. Llanerch.

COE, JOHN/YOUNG, SIMON: The Celtic Sources of the Arthurian Legends. Llanerch.

ELLIS, PETER BERRESFORD: Die Druiden. Von der Weisheit der Kelten. Diederichs.

FAIRBAIRN, NEIL: A Traveller's Guide to the Kingdoms of Arthur. Evans.

GEOFFREY VON MONMOUTH: Das Leben des Zauberers Merlin (hrsg. von Inge Vielhauer). Castrum Peregrini.

GLENNIE, STUART: Arthurian Locations in Scotland. Llanerch.

GOODRICH, NORMA L.: Die Ritter von Camelot. König Artus, der Gral und die Entschlüsselung einer Legende. C.H. Beck.

GRIFFEN, TOBY: Names from the Dawn of British Legend. Llanerch.

HETMANN, FREDERIK (HG.): Keltische Märchen. Irland, Schottland, Wales, Bretagne. S. Fischer.

HETMANN, FREDERIK (HG.): Roter Drache, grünes Tal. Märchen aus Wales. S. Fischer.

JUNG, EMMA/FRANZ, M.L. VON: Die Graalslegende in psychologischer Sicht. Rascher.

LACEY, NORRIS (ED.): The Arthurian Encyclopedia. Boydell.

LAMPO, HUBERT: Artus und der Gral. Fourier.

LOOMIS, ROGER S.: The Grail – From Celtic Myth to Christian Symbol. Constable.

OHFF, HEINZ: Artus. Eine Biographie. Piper.

SCHLEGEL, DOROTHEA: Geschichte des Zauberers Merlin. Diederichs.

TOLSTOY, NICOLAI: Auf der Suche nach Merlin. Mythos und geschichtliche Wahrheit. Heyne.

WESTON, JESSIE: From Ritual to Romance. Doubleday.

WESTPHAL, WILFRIED: „Einst wird kommen ein König". Artus – Wahrheit oder Legende? Westermann.

Ausgewählte Werke der Artus-Literatur

ANEIRIN: The Gododdin (übersetzt von Steve Short). Llanerch.

ANONYMUS: The Quest of the Holy Grail. Penguin.

ARDEN, JOHN: The Island of the Mighty. Methuen.

BEROUL: Tristan und Isolde (übersetzt von Ulrich Moelk). Eidos.

BRADSHAW, GILLIAM: Die Krone von Camelot/Der Falke des Lichts/Das Köngreich des Sommers. Marion von Schroeder.

BURROW, JOHN (ED.): Sir Gawain and the Green Knight. Penguin.

CHRETIEN DE TROYES: Arthurian Romances. Penguin.

CHRETIEN DE TROYES: Parceval der Gralskönig (übersetzt von Konrad Sandkühler). Ogham.

CHRETIEN DE TROYES: Der Percevalroman. Niemeyer.

DORST, TANKRED: Merlin oder Das Wüste Land. Suhrkamp.

ELIOT, T.S.: Das Wüste Land. Suhrkamp.

GEOFFREY VON MONMOUTH: The History of the Kings of Britain. Penguin.

GOTTFRIED VON STRASSBURG: Tristan. Reclam.

GOTZMANN, CARLA L.: Artusdichtung. Metzler.

GRANT, JEFFREY (ED.): The Mabinogion. Penguin.

LANGOSCH, KARL (HG.): König Artus und seine Tafelrunde. Europäische Dichtung des Mittelalters. Reclam.

LOFMARK, CARL: Bards and Heroes. Llanerch.

MALORY, THOMAS: König Artus. Insel/Suhrkamp.

PENNAR, MEIRION: The Black Book of Carmarthen. Llanerch.

SCHIRMER, RUTH: Der Roman von Tristan und Isolde. Manesse.

STEINBECK, JOHN: Artus und die Heldentaten der Ritter der Tafelrunde. Diana.

STEWART, MARY: Flammender Kristall/Der Erbe. Heyne.

STEWART, MARY: Merlins Abschied. Knaus.

STEWART, MARY: Tag des Unheils. Knaus.

STONE, BRIAN (TRANSL.): Sir Gawain and the Green Knight. Penguin.

STONE, BRIAN (TRANSL.): King Arthur's Death. Penguin.

SUTCLIFF, ROSEMARY: Die Abenteuer der Ritter der Tafelrunde. DTV.

SUTCLIFF, ROSEMARY: Merlin und Artus. Freies Geistesleben.

SUTCLIFF, ROSEMARY: Sword at Sunset. Coronet.

TENNYSON, ALFRED: Idylls of The King. Penguin.

TWAIN, MARK: Ein Yankee aus Connecticut an König Artus' Hof. Maier.

WACE/LAYAMON: Arthurian Chronicles. Everyman.

WALTON, EVANGELINE: Die vier Zweige des Mabinogion. Klett-Cotta.

WHITE, T.H.: Der König auf Camelot. Klett-Cotta.

WHITE, T.H.: Das Buch Merlin. Diederichs.

WOLFRAM VON ESCHENBACH: Parzival. Reclam.

ZIMMER BRADLEY, MARION: Die Nebel von Avalon. S. Fischer.